LA COMMUNAUTÉ
INAVOUABLE

DU MÊME AUTEUR

LAUTRÉAMONT ET SADE, *1949*

APRÈS COUP,
    précédé par LE RESSASSEMENT ÉTERNEL, *1983*

LA COMMUNAUTÉ INAVOUABLE, *1984*

MAURICE BLANCHOT

LA COMMUNAUTÉ
INAVOUABLE

LES ÉDITIONS DE MINUIT

© 1983 by LES ÉDITIONS DE MINUIT
ISBN : 978-2-7073-0666-1

www.leseditionsdeminuit.fr

I

LA COMMUNAUTÉ NÉGATIVE

« La communauté de ceux qui n'ont pas de communauté. » G. B.

À partir d'un texte important de Jean-Luc Nancy, je voudrais reprendre une réflexion jamais interrompue, mais s'exprimant seulement de loin en loin, sur l'exigence communiste, sur les rapports de cette exigence avec la possibilité ou l'impossibilité d'une communauté en un temps qui semble en avoir perdu jusqu'à la compréhension (mais la communauté n'est-elle pas en dehors de l'entente ?), enfin sur le défaut de langage que de tels mots, *communisme, communauté,* paraissent inclure, si nous pressentons qu'ils portent tout autre chose que ce qui peut être *commun* à ceux qui prétendraient appartenir à un ensemble, à un groupe, à un conseil, à un collectif, fût-ce en se défendant d'en faire partie, sous quelque forme que ce soit [1].

COMMUNISME, COMMUNAUTÉ

Communisme, communauté : de tels termes sont bien des termes, dans la mesure où l'histoire, les mécomptes grandioses de l'histoire nous les font connaître sur un fond de désastre qui va bien au-delà de la ruine. Des concepts déshonorés ou trahis, cela n'existe pas, mais des concepts qui ne sont pas « convenables » sans leur propre-impropre *abandon* (qui n'est pas une simple négation), voilà qui ne nous permet pas de les refuser ou de les récuser tranquillement. Quoi que nous voulions, nous sommes liés à eux précisément par leur défection. Écrivant cela, je lis ces lignes d'Edgar Morin que beaucoup d'entre nous pourraient accueillir : « Le communisme est la question majeure et l'expérience principale de ma vie. Je n'ai cessé de me reconnaître dans les aspirations qu'il exprime et je crois toujours en la possibilité d'une autre société et d'une autre humanité [2]. »

Cette affirmation simple peut paraître naïve, mais, dans sa droiture, elle nous dit ce à quoi nous ne pouvons nous soustraire : pourquoi ? qu'en est-il de

---

1. Jean-Luc Nancy, « La communauté désœuvrée », in *Aléa*, 4.
2. Cf. la revue *Le Scarabée international*, 3.

cette possibilité qui est toujours engagée d'une manière ou d'une autre dans son impossibilité ?

Le communisme, s'il dit que l'égalité est son fondement et qu'il n'y a pas de communauté tant que les besoins de tous les hommes ne sont pas *également* satisfaits (exigence en elle-même minime), suppose, non pas une société parfaite, mais le principe d'une humanité transparente, produite essentiellement par elle seule, « immanente » (dit Jean-Luc Nancy) : immanence de l'homme à l'homme, ce qui désigne aussi l'homme comme l'être absolument immanent, parce qu'il est ou doit devenir tel qu'il soit entièrement œuvre, son œuvre et, finalement, l'œuvre de *tout* ; rien qui ne doive être façonné par lui, dit Herder : de l'humanité jusqu'à la nature (et jusqu'à Dieu). Pas de reste, à la limite. C'est l'origine apparemment saine du totalitarisme le plus malsain.

Or, cette exigence d'une immanence absolue a pour répondant la dissolution de tout ce qui empêcherait l'homme (puisqu'il est sa propre égalité et sa détermination) de se poser comme pure réalité individuelle, d'autant plus fermée qu'elle est ouverte à tous. L'individu s'affirme, avec ses droits inaliénables, son refus d'avoir d'autre origine que soi, son indifférence à toute dépendance théorique vis-à-vis d'un autre qui ne serait pas un individu comme lui, c'est-à-dire lui-même, indéfiniment répété, que ce soit dans le passé ou dans l'avenir – ainsi mortel et

11

immortel : mortel dans son impossibilité de se perpétuer sans s'aliéner, immortel, puisque son individualité est la vie immanente qui n'a pas en elle-même de terme. (D'où l'irréfutabilité d'un Stirner ou d'un Sade, réduits à certains de leurs principes.)

L'EXIGENCE COMMUNAU-TAIRE : GEORGES BATAILLE

Cette réciprocité du communisme et de l'individualisme, dénoncée par les tenants les plus austères de la réflexion contre-révolutionnaire (de Maistre, etc.), et aussi par Marx, nous conduit à mettre en cause la notion même de réciprocité. Mais, si le rapport de l'homme à l'homme cesse d'être le rapport du Même avec le Même mais introduit l'Autre comme irréductible et, dans son égalité, toujours en dissymétrie par rapport à celui qui le considère, c'est une tout autre sorte de relation qui s'impose et qui impose une autre forme de société qu'on osera à peine nommer « communauté ». Ou on acceptera de l'appeler ainsi en se demandant ce qui est en jeu dans la pensée d'une communauté et si celle-ci, qu'elle ait existé ou non, ne pose pas toujours à la fin l'*absence* de communauté. Ce qui est précisément arrivé à Georges Bataille qui, après avoir, durant plus d'une décennie, tenté, en pensée et en réalité, l'accomplissement de l'exigence communautaire, ne s'est pas retrouvé seul (seul de toute façon, mais dans une solitude partagée), mais exposé à une communauté d'absence, toujours prête à se muer en absence de communauté. « Le parfait dérèglement (l'abandon à l'absence de bornes) est la règle d'une *absence* de communauté. » Ou encore : « Il n'est loisible à quiconque de ne pas appartenir à mon *absence de communauté*. » (Citations empruntées à la revue *Contre toute attente.*) Retenons, au moins, le paradoxe qu'introduit ici l'adjectif possessif « mon » : comment l'absence de communauté pourrait-elle rester mienne, à moins qu'elle ne soit « mienne », comme insisterait à l'être *ma* mort, qui ne peut que ruiner toute appartenance à qui que ce soit, en même temps que la possibilité d'une toujours mienne appropriation ?

Je ne reprendrai pas l'étude de Jean-Luc Nancy, lorsqu'il montre en Bataille celui « qui sans doute a été le plus loin dans l'expérience cruciale du destin moderne de la communauté » : toute répétition affaiblirait en le simplifiant un cheminement de pensée que les citations de texte peuvent modifier, voire renverser. Mais il ne faut cependant pas perdre de vue que l'on ne saurait être fidèle à une telle pensée si l'on ne prend aussi en charge sa propre infidélité ou une mutation nécessaire qui l'obligea, tout en restant lui-même, à ne pas cesser d'être autre, et de développer d'autres exigences qui, répondant soit aux modifications de l'histoire, soit à l'épuisement de telles expériences qui ne veulent pas se répéter, répugnaient à s'unifier. Il est certain que (approximativement), de 1930 à 1940, le mot « communauté » s'impose à sa recherche davantage que dans les périodes qui suivront, même si la publication de *La Part maudite* et, plus tard, de *L'Érotisme* (qui privilégie une certaine forme de communication) prolonge des thèmes presque analogues qui ne se laissent pas subordonner (il y en aurait d'autres : le texte inachevé sur *La Souveraineté*, le texte inachevé sur *Théorie de la religion*). On peut dire que l'exigence politique n'a jamais été absente de sa pensée, mais qu'elle prend des formes différentes selon l'urgence intérieure ou extérieure. Les premières lignes du *Coupable* le disent sans détour. Écrire sous la pression de la guerre, ce n'est pas écrire sur la guerre, mais dans son horizon et comme si elle était la compagne avec laquelle on partage son lit (en admettant qu'elle vous laisse une place, une marge de liberté).

POURQUOI « COMMUNAUTÉ » ?   Pourquoi cet appel de ou à la « communauté » ? J'énumère au hasard les éléments de ce qui fut notre histoire. Les groupes (dont le groupe surréaliste est le prototype aimé ou exécré) ; les multiples assemblages autour d'idées qui n'existent pas encore et autour de personnes dominantes qui existent trop : avant tout, le souvenir des soviets, le pressentiment de ce qui est déjà le fascisme, mais dont le sens, comme le devenir, échappent aux concepts en usage, mettant la pensée dans l'obligation de le réduire à ce qu'il a de bas et de misérable ou, au contraire, indiquant qu'il y a là quelque chose d'important et de surprenant qui, n'étant pas bien pensé, risque d'être mal combattu – enfin (et cela aurait pu venir en premier lieu) les travaux de sociologie qui fascinent Bataille et lui donnent dès l'abord une connaissance, en même temps qu'une nostalgie (vite réprimée), de modes d'être communautaires dont on ne saurait négliger l'impossibilité d'être jamais reproduits dans la tentation même qu'ils nous offrent.

LE PRINCIPE D'INCOMPLÉ-TUDE

Je répète, pour Bataille, l'interrogation : pourquoi « communauté » ? La réponse est donnée assez clairement : « À la base de chaque être, il existe un principe d'insuffisance... » (principe d'incomplétude). C'est un *principe*, notons-le bien, cela qui commande et ordonne la possibilité d'un être. D'où il résulte que ce manque par principe ne va pas de pair avec une nécessité de complétude. L'être, insuffisant, ne cherche pas à s'associer à un autre pour former une substance d'intégrité. La conscience de l'insuffisance vient de sa propre mise en question, laquelle a besoin de l'autre ou d'un autre pour être effectuée. Seul, l'être se ferme, s'endort et se tranquillise. Ou bien il est seul, ou il ne se sait seul que s'il ne l'est pas. « La substance de chaque être est contestée par chaque autre sans relâche. Même le regard qui exprime l'amour et l'admiration s'attache à moi comme un doute touchant la réalité. » « Ce que je pense, je ne l'ai pas pensé seul. » Il y a là une intrication de motifs dissemblables qui justifierait une analyse, mais qui a sa force dans un pêle-mêle de différences associées. C'est comme si se pressaient au portillon des pensées qui ne peuvent être pensées qu'ensemble, alors que leur multitude en empêche le passage. L'être cherche, non pas à être reconnu, mais à être contesté : il va, pour exister, vers l'autre qui le conteste et parfois le nie, afin qu'il ne commence d'être que dans cette privation qui le rend conscient (c'est là l'origine de sa conscience) de l'impossibilité d'être lui-même, d'insister comme *ipse* ou, si l'on veut, comme individu séparé : ainsi peut-être ex-istera-t-il, s'éprouvant comme extériorité toujours préalable, ou comme existence de part en part éclatée, ne se composant que comme se décomposant constamment, violemment et silencieusement.

Ainsi, l'existence de chaque être appelle l'autre ou une pluralité d'autres (car c'est comme une déflagration en chaîne qui a besoin d'un certain nombre d'éléments pour se produire, mais risquerait, si ce nombre n'était pas déterminé, de se perdre dans l'infini, à la manière de l'univers, lequel lui-même ne se compose qu'en s'illimitant dans une infinité d'univers). Il appelle, par là, une communauté : communauté finie, car elle a, à son tour, son principe dans la *finitude* des êtres qui la composent et qui ne supporteraient pas que celle-ci (la communauté) oublie de porter à un plus haut degré de tension la *finitude* qui les constitue.

Ici, nous nous trouvons aux prises avec des difficultés peu aisées à maîtriser. La communauté, qu'elle soit ou non nombreuse (mais, théoriquement et historiquement, il n'y a de communauté que d'un petit nombre – communauté de moines, communauté hassidique (et les kibboutzim), communauté de savants, communauté en vue de la « communauté », ou bien communauté des amants), semble s'offrir comme tendance à une *communion*, voire à une fusion, c'est-à-dire à une effervescence qui ne rassemblerait les éléments que pour donner lieu à une unité (une surindividualité) qui s'exposerait aux mêmes objections que la simple considération d'un seul individu, clos dans son immanence.

COMMUNION ?   Que la communauté puisse s'ouvrir à sa communion (cela est, bien sûr, symbolisé par toute communion eucharistique), c'est ce qu'indiquent des exemples disparates. Groupe sous fascination, attesté par le sinistre suicide collectif de Guyana ; groupe en fusion, ainsi nommé par Sartre et analysé dans *La Critique de la raison dialectique* (il y aurait beaucoup à dire sur cette opposition trop simple de deux formes de *socialité* : la série (l'individu comme nombre), la fusion : conscience de libertés qui n'est telle que si elle se perd ou s'exalte dans un ensemble en mouvement) ; groupe militaire ou fasciste où chaque membre du groupe remet sa liberté ou même sa conscience à une Tête qui l'incarne et ne s'expose pas à être tranchée, parce qu'elle est, par définition, au-dessus de toute atteinte.

Il est frappant que Georges Bataille, dont le nom signifie, pour beaucoup de ses lointains lecteurs, mystique de l'extase ou recherche laïque d'une expérience extatique, *exclut* (mises à part quelques phrases ambiguës [1]) « l'accomplissement fusionnel dans quelque hypostase collective » (Jean-Luc Nancy). Cela lui répugne profondément. Il ne faut jamais

---

1. L'idée d'« unité communielle » n'est pas étrangère aux pages sur le Sacré publiées dans *Cahiers d'art* (avant guerre), peut-être en accompagnement de certaines expressions de Laure. De même, « le Sacré est communication », phrase qui prête à une double interprétation. Ou encore, « la communion, la fusion, l'extase demandent des ruptures de cloison... » – tout cela inscrit hâtivement dans des Carnets non destinés à la publication mais qu'on ne peut cependant omettre, à cause de la nécessité brûlante, non précautionneuse, qui s'y exprime.

oublier que compte moins pour lui l'état de ravissement où l'on oublie tout (et soi-même) que le cheminement exigeant qui s'affirme par la mise en jeu et la mise hors d'elle de l'existence insuffisante et ne pouvant renoncer à cette insuffisance, mouvement qui ruine aussi bien l'immanence que les formes habituelles de la transcendance. (Je renvoie sur ce sujet aux textes parus dans *L'Entretien infini.*)

Donc (un « donc » trop rapide, j'en conviens), la communauté n'a pas à s'extasier, ni à dissoudre les éléments qui la composent en une unité surélevée qui se supprimerait elle-même, en même temps qu'elle s'annulerait comme communauté. La communauté n'est pas pour autant la simple mise en commun, dans les limites qu'elle se tracerait, d'une volonté partagée d'être à plusieurs, fût-ce pour ne rien faire, c'est-à-dire ne rien faire d'autre que de maintenir le partage de « quelque chose » qui précisément semble s'être toujours déjà soustrait à la possibilité d'être considéré comme part à un partage : parole, silence.

Quand Georges Bataille évoque un principe d'insuffisance, « base de tout être », nous croyons comprendre sans difficulté ce qu'il dit. C'est pourtant difficile à entendre. Insuffisant par rapport à quoi ? Insuffisant pour subsister ? Ce n'est évidemment pas cela qui est en cause. L'entraide égoïste ou généreuse qui se constate aussi dans les sociétés animales

19

ne *suffit* même pas à fonder la considération d'une simple coexistence grégaire. La vie en troupeau est peut-être hiérarchisée, mais, dans cette soumission à l'un ou à l'autre, reste l'uniformité qui ne s'est jamais singularisée. L'insuffisance ne se conclut pas à partir d'un modèle de suffisance. Elle ne cherche pas ce qui y mettrait fin, mais plutôt l'excès d'un manque qui s'approfondit à mesure qu'il se comblerait. Sans doute l'insuffisance appelle-t-elle la contestation qui, viendrait-elle de moi seul, est toujours l'exposition à un autre (ou à l'autre), seul capable, par sa *position* même, de me mettre en jeu. Si l'existence humaine est existence qui se met radicalement et constamment en question, elle ne peut tenir d'elle seule cette possibilité qui la dépasse, sinon il manquerait toujours une question à la question (l'autocritique n'est évidemment que le refus de la critique de l'autre, une manière de s'autosuffire en se réservant le droit à l'insuffisance, l'abaissement devant soi qui ainsi se surélève [1]).

_____

1. Celui qu'ordonne le principe d'insuffisance est aussi voué à l'excès. L'homme : être insuffisant avec, pour horizon, l'excessif. L'excès n'est pas le trop-plein, le surabondant. L'excès du manque et par manque est l'exigence jamais satisfaite de l'insuffisance humaine.

LA MORT D'AUTRUI Qu'est-ce donc qui me met le plus radicalement en cause ? Non pas mon rapport à moi-même comme fini ou comme conscience d'être à la mort ou pour la mort, mais ma présence à autrui en tant que celui-ci s'absente en mourant. Me maintenir présent dans la proximité d'autrui qui s'éloigne définitivement en mourant, prendre sur moi la mort d'autrui comme la seule mort qui me concerne, voilà ce qui me met hors de moi et est la seule séparation qui puisse m'ouvrir, dans son impossibilité, à l'Ouvert d'une communauté. Georges Bataille : « S'il voit son semblable mourir, un vivant ne peut plus subsister que *hors de soi.* » L'entretien muet que, tenant la main « d'autrui qui meurt », « je » poursuis avec lui, je ne le poursuis pas simplement pour l'aider à mourir, mais pour *partager* la solitude de l'événement qui semble sa possibilité la plus propre et sa possession impartageable dans la mesure où elle le dépossède radicalement. « Oui, c'est vrai (de quelle vérité ?), tu meurs. Seulement, mourant, tu ne t'éloignes pas seulement, tu es encore présent, car voici que tu m'accordes ce mourir comme l'accord qui passe toute peine, et où je frémis doucement dans ce qui déchire, perdant la parole avec toi, mourant avec toi sans toi, me laissant mourir à ta place, recevant ce don au-delà de toi et de moi. » À quoi il y a cette réponse :

« Dans l'illusion qui te fait vivre tandis que je meurs. » À quoi il y a cette réponse : « Dans l'illusion qui te fait mourir tandis que tu meurs. » (*Le Pas au-delà.*)

LE PROCHAIN DU MOURANT

Voilà ce qui fonde la communauté. Il ne saurait y avoir de communauté si n'était commun l'événement premier et dernier qui en chacun cesse de pouvoir l'être (naissance, mort). À quoi prétend la communauté dans son obstination à ne garder « de toi et de moi » que des relations d'assymétrie qui suspendent le tutoiement ? Pourquoi le rapport de transcendance qui s'introduit avec elle déplace-t-il l'autorité, l'unité, l'intériorité en les confrontant avec l'exigence du dehors qui est sa région non dirigeante ? Que dit-elle si elle se laisse aller à parler à partir de ses limites en répétant le discours sur le mourir : « On ne meurt pas seul, et, s'il est humainement si nécessaire d'être le prochain de celui qui meurt, c'est, quoique d'une manière dérisoire, pour partager les rôles et retenir sur sa pente, par la plus douce des interdictions, celui qui mourant se heurte à l'impossibilité de mourir au présent. Ne meurs pas *maintenant* ; qu'il n'y ait pas de maintenant pour mourir. "Ne pas", ultime parole, la défense qui se fait plainte, le négatif balbutiant : ne pas – tu mourras » (*Le Pas au-delà*) ?

Ce qui ne veut pas dire que la communauté assure une sorte de non-mortalité. Comme s'il était dit naïvement : je ne meurs pas, puisque la communauté dont je fais partie (ou la patrie, ou l'univers, ou l'humanité ou la famille) continue. C'est plutôt, c'est presque exactement le contraire. Jean-Luc Nancy : « La communauté ne tisse pas le lien d'une vie supérieure, immortelle ou transmortelle, entre des sujets... Elle est constitutivement... ordonnée à la mort de ceux qu'on appelle peut-être à tort ses membres. » En effet, « membre » renvoie à une unité suffisante (l'individu) qui s'associerait selon un contrat, ou bien par la nécessité des besoins, ou encore par la reconnaissance d'une parenté de sang ou de race, voire d'ethnie.

COMMUNAUTÉ ET DÉSŒUVREMENT

Ordonnée à la mort, la communauté « n'y est pas ordonnée comme à son œuvre ». Elle « *n'opère* pas la transfiguration de ses morts en quelque substance ou quelque sujet que ce soit – patrie, sol natal, nation... phalanstère absolu ou corps mystique... ». Je passe quelques phrases pourtant essentielles, et j'en viens à cette affirmation qui est, pour moi, la plus décisive : « Si la communauté est révélée par la mort d'autrui, c'est que la mort est elle-même la véritable communauté des êtres mortels : leur communion impossible. La communauté occupe donc cette place singulière : elle assume l'impossibilité de sa propre immanence, l'impossibilité d'un être communautaire comme sujet. La communauté assume et inscrit en quelque sorte l'impossibilité de la communauté... Une communauté est la présentation à ses "membres" de leur vérité mortelle (autant dire qu'il n'y a pas de communauté d'êtres immortels...). Elle est la présentation de la finitude et de l'excès sans retour qui fonde l'être-fini... »

Il y a deux traits essentiels à ce moment de la réflexion : 1) La communauté n'est pas une forme restreinte de la société, pas plus qu'elle ne tend à la fusion communionnelle. 2) À la différence d'une cellule sociale, elle s'interdit de faire œuvre et n'a pour fin aucune valeur de production. À quoi sert-elle ? À rien, sinon à rendre présent le service à autrui jusque dans la mort, pour qu'autrui ne se perde pas solitairement, mais s'y trouve suppléé, en même temps qu'il apporte à un autre cette suppléance qui lui est procurée. La substitution mortelle est ce qui remplace la communion. Quand Georges Bataille écrit : « ... Il est nécessaire à la vie commune de se tenir à *hauteur de mort*. Le lot d'un grand nombre de vies privées est la petitesse. Mais une communauté ne peut durer qu'au niveau d'intensité de la mort, elle se décompose dès qu'elle manque à la grandeur particulière du danger », on peut souhaiter mettre à l'écart certains de ces termes dans leur connotation (grandeur, hauteur), car la communauté qui n'est pas communauté de dieux ne l'est pas davantage de héros, ni de souverains (comme il arrive chez Sade, où la recherche de la jouissance excessive n'a pas la mort pour limite, puisque la mort donnée ou reçue parfait la jouissance, de même qu'elle accomplit la souveraineté en refermant sur lui-même le Sujet qui s'y exalte souverainement).

COMMUNAUTÉ ET ÉCRITURE

La communauté n'est pas le lieu de la Souveraineté. Elle est ce qui expose en s'exposant. Elle inclut l'*extériorité* d'être qui l'exclut. Extériorité que la pensée ne maîtrise pas, fût-ce en lui donnant des noms variés : la mort, la relation à autrui ou encore la parole, lorsque celle-ci n'est pas repliée en façons parlantes et ainsi ne permet aucun rapport (d'identité ni d'altérité) avec elle-même. La communauté, en tant qu'elle régit pour chacun, pour moi et pour elle, un hors-de-soi (son absence) qui est son destin, donne lieu à une parole sans partage et pourtant nécessairement multiple, de telle sorte qu'elle ne puisse se développer en paroles : toujours déjà perdue, sans usage et sans œuvre et ne se magnifiant pas dans cette perte même. Ainsi don de parole, don en « pure » perte qui ne saurait assurer la certitude d'être jamais accueilli par l'autre, bien qu'autrui rende seul possible, sinon la parole, du moins la supplication à parler qui porte avec elle le risque d'être rejetée ou égarée ou non reçue.

Ainsi il se pressent que la communauté, dans son échec même, a partie liée avec une certaine sorte d'écriture, celle qui n'a rien d'autre à chercher que les mots derniers : « Viens, viens, venez, vous ou toi auquel ne saurait convenir l'injonction, la prière, l'attente [1]. »

S'il était permis – cela ne l'est pas ; je veux dire que les moyens me manquent – de suivre le cheminement de Georges Bataille dans cette évocation de la communauté, nous retrouverions ces étapes : 1) recherche d'une communauté, soit qu'elle existe comme groupe (auquel cas son acceptation est liée à un refus ou à un rejet égal) : le groupe surréaliste, dont presque toutes les individualités « déplaisent », reste une tentative remarquable dans son insuffisance : y appartenir, c'est presque aussitôt, en for-

_____

1. Sur le mot « Viens », l'on ne saurait manquer d'avoir présent à l'esprit le livre inoubliable de Jacques Derrida, *D'un ton apocalyptique adopté naguère en philosophie* (Galilée), et particulièrement cette phrase qui est en singulière consonance avec celle qu'on vient de lire (extraite du *Pas au-delà*) : « En ce ton *affirmatif*, « Viens » ne marque en soi ni un désir, ni un ordre, ni une prière, ni une demande. » Autre réflexion qu'il faut au moins présenter ici : « L'apocalyptique ne serait-il pas une condition transcendantale de tout discours, de toute expérience même, de toute marque, de toute trace ? » Ce serait alors dans la communauté que s'entendrait avant toute entente et comme sa condition la voix apocalyptique ? Peut-être.

mant un contre-groupe, y renoncer violemment.
2) « Contre-Attaque » est un autre groupe, dont il
faudrait étudier minutieusement ce qui rendait son
urgence telle qu'il ne pouvait subsister que dans la
lutte, plus que par son existence inagissante. Il n'est
en quelque sorte que dans la rue (préfiguration de
Mai 68), c'est-à-dire au-dehors. Il s'affirme par des
tracts qui s'envolent et ne laissent pas de trace. Il
laisse s'afficher des « programmes » politiques, alors
que ce qui le fonde est plutôt une insurrection de
pensée, réponse tacite et implicite à la sur-philo-
sophie qui conduit Heidegger à ne pas se refuser
(momentanément) au national-socialisme, à y voir la
confirmation de l'espérance que l'Allemagne saura
succéder à la Grèce dans son destin philosophique
prédominant. 3) « Acéphale ». C'est, je crois, le seul
groupe qui ait compté pour Georges Bataille et dont
il a gardé, par-delà les années, le souvenir comme
d'une possibilité extrême. « Le Collège de sociologie », si important qu'il fût, n'en a été nullement la
manifestation exotérique : celui-ci appelait à un
savoir fragile, il n'engageait ses membres, comme
son auditoire, que pour un travail de réflexion et de
connaissance sur des thèmes que négligeaient partiellement les institutions officielles, mais qui n'étaient
pas incompatibles avec elles. D'autant moins que les
maîtres de ces institutions en avaient été, sous diverses formes, les initiateurs.

**LA COMMU-
NAUTÉ
D'ACÉPHALE**

« Acéphale » reste lié à son mystère. Ceux qui y ont participé ne sont pas sûrs d'y avoir eu part. Ils n'ont pas parlé, ou les héritiers de leur parole sont tenus à une réserve encore fermement maintenue. Les textes qui ont été publiés sous ce titre n'en dégagent pas la portée, sauf quelques phrases qui longtemps plus tard bouleversaient encore ceux qui les avaient écrites. Chaque membre de la communauté n'est pas seulement toute la communauté, mais l'incarnation violente, disparate, éclatée, impuissante, de l'ensemble des êtres qui, tendant à exister intégralement, ont pour corollaire le néant où ils sont déjà par avance tombés. Chaque membre ne forme groupe que par l'absolu de la séparation qui a besoin de s'affirmer pour se rompre jusqu'à devenir rapport, rapport paradoxal, voire insensé, s'il est rapport absolu avec d'autres absolus qui excluent tout rapport. Le « secret » enfin – qui signifie cette séparation – n'est pas directement à rechercher dans la forêt où aurait dû s'accomplir le sacrifice d'une victime consentante, prête à recevoir la mort de celui qui ne pouvait la lui *donner* qu'en mourant. Il est trop facile d'évoquer *Les Possédés* et les péripéties dramatiques au cours desquelles, pour cimenter le groupe des conjurés, la responsabilité d'un meurtre commis par un seul était destinée à enchaîner les uns aux autres ceux qui maintenaient leur ego dans la poursuite d'une fin révolutionnaire commune à tous et où tous auraient dû se fondre en un. Parodie d'un sacrifice mis en œuvre non pas pour détruire un certain ordre oppresseur mais pour reconduire la destruction à un autre ordre d'oppression.

La communauté d'Acéphale, dans la mesure où chaque membre portait non plus la seule responsabilité du groupe mais l'existence de l'humanité intégrale, ne pouvait s'accomplir en deux seuls de ses membres, puisque tous y avaient une part égale et totale et se sentaient obligés, comme à Massada, de se précipiter dans le néant que la communauté n'incarnait pas moins. Était-ce absurde ? Oui, mais pas seulement, car c'était rompre avec la loi du groupe, celle qui l'avait constitué en l'exposant à ce qui le transcendait sans que cette transcendance puisse être autre que celle du groupe, le dehors qui était l'intimité de la singularité du groupe. Autrement dit, la communauté, en organisant elle-même et en se donnant pour projet l'exécution d'une mort sacrificielle, aurait renoncé à son renoncement à faire *œuvre*, celle-ci fût-elle de mort, voire simulation de la mort. L'impossibilité de la mort dans sa possibilité la plus nue (le couteau pour trancher la gorge de la victime qui tranchait dans le même mouvement la tête du « bourreau »), suspendait jusqu'à la fin des temps l'action illicite où se serait affirmée l'exaltation de la passivité la plus passive.

SACRIFICE
ET ABANDON

Sacrifice : notion obsédante pour Georges Bataille, mais dont le sens serait trompeur s'il ne glissait pas constamment de l'interprétation historique et religieuse à l'exigence infinie à laquelle il s'expose dans ce qui l'ouvre aux autres et le sépare violemment de lui-même. Le sacrifice traverse Madame Edwarda, mais ne s'y exprime pas. Dans la *Théorie de la religion*, il est affirmé : « sacrifier n'est pas tuer, mais abandonner et donner ». Se lier à Acéphale, c'est s'abandonner et se donner : *se donner sans retour à l'abandon sans limite* [1]. Voilà le sacrifice qui fonde la communauté en la défaisant, la livrant au temps dispensateur qui ne l'autorise, ni ceux qui se donnent à elle, à aucune forme de présence, et les renvoyant ainsi à la solitude qui, loin de les protéger, les disperse ou se dissipe sans qu'ils se retrouvent eux-mêmes ou ensemble. Le don ou l'abandon est tel qu'à la limite il n'y a rien à donner ni rien à abandonner et que le temps lui-même est

---

1. Il y a le don par lequel on oblige celui qui le reçoit à rendre un surplus de pouvoir ou de prestige à celui qui donne – ainsi, on ne donne jamais. Le don qui est abandon voue l'être abandonné à perdre sans esprit de retour, sans calcul et sans sauvegarde jusqu'à son être qui donne : d'où l'exigence d'infini qui est dans le silence de l'abandon.

seulement une des manières dont ce rien à donner s'offre et se retire comme le caprice de l'absolu qui sort de soi en donnant lieu à autre que soi, sous l'espèce d'une absence. Absence qui, d'une manière restreinte, s'applique à la communauté dont elle serait le seul secret, évidemment insaisissable. L'absence de communauté n'est pas l'échec de la communauté : elle lui appartient comme à son moment extrême ou comme à l'épreuve qui l'expose à sa disparition nécessaire. Acéphale fut l'expérience commune de ce qui ne pouvait être mis en commun, ni gardé en propre, ni réservé pour un abandon ultérieur. Les moines se dépouillent de ce qu'ils ont et se dépouillent eux-mêmes pour en faire part à la communauté à partir de laquelle ils redeviennent possesseurs de tout, sous la garantie de Dieu ; de même le kibboutz ; de même les formes réelles ou utopiques du communisme. La communauté d'Acéphale ne pouvait exister comme telle, mais seulement comme l'imminence et le retrait : imminence d'une mort plus proche que toute proximité, retrait préalable de cela qui ne permettait pas qu'on s'en retirât. La privation de la Tête n'excluait donc pas seulement le primat de ce que la tête symbolisait, le chef, la raison raisonnable, le calcul, la mesure et le pouvoir, y compris le pouvoir du symbolique, mais l'exclusion elle-même entendue comme un acte délibéré et souverain, qui eût restauré la primauté sous la forme de sa déchéance. La décapitation qui devait rendre possible « le déchaînement sans fin [sans loi] des passions », ne pouvait s'accomplir que par les passions déjà déchaînées, elles-mêmes s'affirmant dans l'inavouable communauté que sanctionnait sa propre dissolution [1].

---

1. Le roman de Dostoïevski, *Les Possédés* ou *Les Démons*, vient, on le sait, d'un fait divers politique, d'ailleurs hautement significatif. On le sait aussi, la réflexion de Freud sur l'origine de la société lui fait rechercher dans un *crime* (rêvé ou accompli – mais, pour Freud, nécessairement réel, réalisé) le passage de la horde à une communauté réglée ou ordonnée. Le meurtre du chef de la horde convertit celui-ci en père, la horde en groupe et les membres de la horde en fils et frères. « Le crime préside à la naissance du groupe, de l'histoire, du langage » (Eugène Enriquez, *De la horde à l'État*, Gallimard). On se tromperait du tout au tout (du moins, il me semble), si l'on ne voyait pas ce qui sépare la rêverie de Freud de l'exigence d'Acéphale : 1) Certes, la mort est présente dans Acéphale, mais le meurtre s'y dérobe, même sous la forme sacrificielle. D'abord, la victime est consentante, consentement qui ne suffit pas, puisque seul peut donner la mort celui qui, la donnant, mourrait en même temps, c'est-à-dire saurait se substituer à la victime volontaire. 2) La communauté ne peut se fonder sur le seul sacrifice sanglant de deux de ses membres, appelés à expier pour tous (sortes de boucs émissaires). Chacun devrait mourir pour tous, et c'est en la mort de tous que chacun déterminerait le destin de la communauté. 3) Mais, se donner pour projet l'exécution d'une mort sacrificielle, c'est manquer à la loi du groupe, dont la première exigence est de renoncer à faire *œuvre* (fût-ce œuvre de mort) et dont le projet essentiel exclut tout projet. 4) De là le passage à une tout autre sorte de sacrifice, lequel ne serait plus meurtre d'un seul ou meurtre de tous, mais don et abandon, infini de l'abandon. La décapitation, la privation de la Tête n'atteint pas le chef ou le père, n'institue pas les autres comme frères, mais les met en jeu en les livrant au « déchaînement sans fin des passions ». Ce qui lie Acéphale au pressentiment d'un désastre qui transcenderait toute forme de transcendance.

L'EXPÉRIENCE
INTÉRIEURE

Acéphale appartenait ainsi, avant d'être et dans l'impossibilité d'être jamais, à un désastre qui non seulement le dépassait et dépassait l'univers qu'il était censé représenter, mais transcendait toute nomination d'une transcendance. Certes, il peut sembler puéril d'en appeler aux « passions déchaînées », comme si elles étaient par avance disponibles et données (abstraitement) à qui s'offrirait à elles. Le seul « élément émotionnel », capable d'être partagé en échappant au partage, reste la valeur obsédante de l'imminence mortelle, c'est-à-dire du temps qui fait éclater l'existence et la libère extatiquement de tout ce qui resterait en elle de *servile*. L'illusion d'Acéphale est donc celle de l'abandon vécu en commun, abandon de et à l'angoisse ultime qui donne l'extase. La mort, mort de l'autre, de même que l'amitié ou l'amour, dégagent l'espace de l'intimité ou de l'intériorité qui n'est jamais (chez Georges Bataille) celle d'un sujet, mais le glissement hors des limites. « L'expérience intérieure » dit ainsi le contraire de ce qu'elle semble dire : mouvement de contestation qui, venant du sujet, le dévaste, mais a pour plus profonde origine le rapport avec l'autre qui est la communauté même, laquelle ne serait rien si elle n'ouvrait celui qui s'y expose à l'infinité de l'altérité, en même temps qu'elle en décide l'inexorable finitude. La communauté, communauté d'égaux, qui les met à l'épreuve d'une inégalité inconnue, est telle qu'elle ne les subordonne pas les uns aux autres, mais les rend accessibles à ce qu'il y a d'inaccessible dans ce rapport nouveau de responsabilité (de souveraineté ?). Même si la communauté exclut l'immédiateté qui affirmerait la perte de chacun dans l'évanouissement de la communion, elle propose ou impose la connaissance (l'expérience, *Erfahrung*) de ce qui ne peut être connu : ce « hors-de-soi » (ou le dehors) qui est abîme et extase, sans cesser d'être un rapport singulier.

Il serait évidemment tentant et fallacieux de chercher, dans *L'Expérience intérieure,* la suppléance et le prolongement de ce qui n'avait pu avoir lieu, fût-ce comme tentative, dans la communauté d'Acéphale. Mais ce qui y était en jeu exigea de se reprendre sous la forme paradoxale d'un livre. D'une certaine manière, l'instabilité de l'illumination avait besoin, avant même d'être transmise, de s'exposer à d'autres, non pour atteindre en eux une certaine réalité objective (ce qui l'eût aussitôt dénaturée), mais pour s'y réfléchir en s'y partageant et s'y laissant contester (c'est-à-dire énoncée autrement, voire dénoncée en accord avec la récusation qu'elle portait en elle). Ainsi l'exigence d'une communauté demeurait. À elle seule, l'extase n'était rien si elle ne se communiquait et d'abord ne se donnait comme le fond sans fond de la communication. Georges Bataille a toujours maintenu que l'Expérience intérieure ne pouvait avoir lieu si elle se limitait à un seul qui eût suffi à en porter l'événement, la disgrâce et la gloire : elle s'accomplit, tout en persévérant dans l'incomplétude, quand elle se partage et, dans ce partage, expose ses limites, s'expose dans les limites qu'elle se propose de transgresser comme pour faire surgir, par cette transgression, l'illusion ou l'affirmation de l'absolu d'une loi qui se dérobe à qui prétendrait la transgresser *seul*. Loi qui présuppose donc une communauté (une entente ou un accord commun, fût-il celui, momentané, de deux êtres singuliers, rompant par peu de paroles l'impossibilité du Dire que le trait unique de l'expérience semble contenir ; son seul contenu : être intransmissible, ce qui se complète ainsi : seule en vaut la peine la transmission de l'intransmissible).

Autrement dit, il n'y a pas d'expérience simple ; il faut encore disposer des conditions sans lesquelles elle ne serait pas possible (dans son impossibilité même), et c'est là où une communauté est nécessaire (projet du « Collège socratique » qui ne pouvait qu'échouer et qui n'était projeté que comme le dernier soubresaut d'une tentative communautaire, incapable de se réaliser). Ou encore l'« extase » est elle-même communication, négation de l'être isolé qui, en même temps qu'il disparaît en cette violente rupture, prétend s'exalter ou « s'enrichir » de ce qui brise son isolement jusqu'à l'ouvrir à l'illimité – toutes affirmations qui, à la vérité, ne semblent énoncées que pour être contestées : l'être isolé, c'est l'individu, et l'individu n'est qu'une abstraction, l'existence telle que se la représente la conception débile du libéralisme ordinaire. Il n'est peut-être pas nécessaire de recourir à un phénomène aussi difficile à cerner que l'« extase » pour dégager les hommes d'une pratique et d'une théorie qui les mutilent en les séparant. Il y a l'action politique, il y a une tâche qu'on peut dire philosophique, il y a une recherche éthique (l'exigence d'une morale n'a pas moins hanté Georges Bataille qu'elle n'a hanté Sartre, avec cette différence qu'elle était chez Bataille exigence d'une priorité, tandis que chez Sartre, sur qui pesait la charge de « l'Être et le Néant », elle ne pouvait être que suivante, servante et ainsi, par avance, soumise).

Il reste que lorsque nous lisons (dans des notes posthumes) : « L'objet de l'extase est la négation de l'être isolé », nous savons que l'imperfection de cette réponse est liée à la forme même de la question posée par un ami (Jean Bruno). Il est au contraire évident, d'une évidence accablante, que l'extase est sans objet, comme elle est sans pourquoi. De même qu'elle récuse toute certitude. On ne peut écrire ce mot (extase) qu'en le mettant précautionneusement entre guillemets, parce que personne ne peut savoir de quoi il s'agit, et d'abord si elle a jamais eu lieu : dépassant le savoir, impliquant le non-savoir, elle se refuse à être affirmée autrement que par des mots aléatoires qui ne sauraient la garantir. Son trait décisif, c'est que celui qui l'éprouve n'est plus là quand il l'éprouve, n'est donc plus là pour l'éprouver. Le même (mais il n'est plus le même) peut croire qu'il s'en ressaisit au passé comme d'un souvenir : je me rappelle, je me remémore, je parle ou j'écris dans le transport qui déborde et ébranle toute possibilité de se souvenir. Tous les mystiques, les plus rigoureux, les plus sobres (en premier lieu saint Jean de la Croix), ont su que le souvenir, considéré comme personnel, ne pouvait être que douteux et, appartenant à la mémoire, prenait rang parmi ce qui exigeait de se dérober à elle : mémoire extratemporelle ou mémoire d'un passé qui n'aurait jamais été vécu au présent (donc étranger à tout *Erlebnis*).

LE PARTAGE DU SECRET

C'est aussi en ce sens que le plus personnel ne pouvait se garder comme un secret propre à un seul, puisqu'il rompait les bornes de la personne et exigeait d'être partagé, mieux, s'affirmait comme le partage même. Ce partage renvoie à la communauté, il s'expose en elle, il peut s'y théoriser, c'est son risque, devenant une vérité ou un objet qu'on pourrait détenir, alors que la communauté, comme le dit Jean-Luc Nancy, ne se maintient que comme le lieu – le non-lieu – où il n'y a rien à détenir, secrète de n'avoir aucun secret, n'œuvrant qu'au désœuvrement qui traverse l'écriture même ou qui, dans tout échange public ou privé de parole, fait retentir le silence final où cependant il n'est jamais sûr que tout, enfin, se termine. Pas de fin là où règne la finitude.

Si nous avions, au principe de la communauté, l'inachèvement ou l'incomplétude de l'existence, nous avons maintenant comme la marque de ce qui la surélève jusqu'au risque de sa disparition dans l'« extase », son accomplissement en ce qui précisément la limite, sa souveraineté en ce qui la rend absente et nulle, son prolongement dans la seule communication qui désormais convienne et qui passe par l'inconvenance littéraire, lorsque celle-ci ne s'inscrit en des œuvres que pour s'affirmer dans le désœuvrement qui les hante, même si elles ne sauraient l'atteindre. L'absence de communauté met fin à l'espérance des groupes ; l'absence d'œuvre qui, au contraire, a besoin d'œuvres et suppose les œuvres pour les laisser s'écrire sous l'attrait du désœuvrement, voilà le tournant qui, correspondant à la dévastation de la guerre, fermera une époque. Georges Bataille dira parfois, en exceptant cependant *L'Histoire de l'œil* et l'*Essai sur la dépense*, que tout ce qu'il avait écrit précédemment – peut-être partiellement exclu de son souvenir – n'était que le prélude avorté de l'exigence d'écrire. C'est la communication diurne – qui se double de la communication nocturne (*Madame Edwarda, Le Petit...*) ou les notes d'un Journal tourmenté (qui s'écrit en dehors de tout dessein de publication), à moins que la communication nocturne, celle qui ne s'avoue pas, qui s'antidate et ne s'autorise que d'un auteur inexistant, n'ouvre une autre forme de communauté, quand un petit nombre d'amis, chacun singulier, et sans rapport obligé des uns avec les autres, la composent en secret par la lecture silencieuse qu'ils partagent en prenant conscience de l'événement exceptionnel auquel ils sont confrontés ou voués. Rien à en dire qui fût à sa mesure. Pas de commentaire qui pût l'accompagner : tout au plus un mot de passe (comme du reste les pages de Laure sur le Sacré publiées et transmises clandestinement) qui, communiquées à chacun comme s'il avait été seul, ne reconstitue pas la « conjuration sacrée » qui avait été rêvée jadis, mais, sans rompre l'isolement, l'approfondit en une solitude vécue en commun et ordonnée à une responsabilité inconnue (vis-à-vis de l'inconnu).

Communauté idéale de la communication littéraire. Les circonstances y aidèrent (importance de l'aléa, du hasard, du caprice historique ou de la rencontre ; les surréalistes, André Breton avant tous les autres, l'avaient pressentie et même théorisée prématurément). On pouvait, à la rigueur, réunir autour d'une table (cela évoquait les participants hâtifs de la Pâque juive) les quelques témoins-lecteurs qui n'avaient pas tous conscience de l'importance de l'événement fragile qui les réunissait, au regard de l'enjeu formidable de la guerre auquel ils étaient presque tous mêlés, à des titres divers, et qui les exposait à la certitude d'une prompte disparition. Voilà : quelque chose avait eu lieu qui permettait pour quelques instants, à travers les malentendus propres aux existences singulières, de reconnaître la possibilité d'une communauté préalablement établie en même temps que déjà posthume : rien n'en subsisterait, cela serrait le cœur, c'était exaltant aussi, comme l'épreuve même de l'effacement qu'exige l'écriture.

LA COMMU-NAUTÉ LITTÉRAIRE

Georges Bataille a énoncé avec simplicité (peut-être trop de simplicité, mais il ne l'ignorait pas) les deux moments où s'impose, à ses yeux ou à son esprit, l'exigence d'une communauté, par rapport à l'expérience intérieure. Quand il écrit : « Ma conduite avec mes amis est motivée : chaque être est, je crois, incapable, à lui seul, d'aller au bout de l'être », cette affirmation implique que l'*expérience* ne saurait avoir lieu pour l'unique, puisqu'elle a pour trait de rompre la particularité du particulier et d'exposer celui-ci à autrui : donc, d'être essentiellement pour autrui ; « si je veux que ma vie ait un sens pour moi, il faut qu'elle en ait *pour autrui* ». Ou bien : « Je ne puis un instant cesser de me provoquer moi-même à l'extrême et ne puis faire de différence entre moi-même et ceux des autres avec lesquels je désire communiquer. » Ce qui sous-entend une certaine confusion : tantôt et à la fois, l'expérience ne peut être telle (« aller à l'extrême ») que si elle reste communicable, et elle n'est communicable que parce que, en son essence, elle est ouverture au-dehors et ouverture à autrui, mouvement qui provoque un rapport de violente dissymétrie entre moi et l'autre : la déchirure et la communication.

Donc, les deux moments peuvent être analysés comme distincts, alors qu'ils se supposent l'un et l'autre en se détruisant. Par exemple, Bataille dit : « La communauté dont je parle est celle qui exista virtuellement du fait de l'existence de Nietzsche (qui en est l'exigence) et que chacun des lecteurs de Nietzsche défait en se dérobant – c'est-à-dire en ne résolvant pas l'énigme posée (en ne la lisant même pas). » Mais il y eut une grande différence entre

Bataille et Nietzsche. Nietzsche eut un désir ardent d'être entendu, mais aussi la certitude parfois orgueilleuse de porter en lui une vérité trop dangereuse et trop supérieure pour pouvoir être accueillie. Pour Bataille, l'amitié fait partie de l'« opération souveraine » ; ce n'est pas par légèreté que *Le Coupable* porte en premier lieu ce sous-titre, *L'amitié* ; l'amitié, il est vrai, se définit mal : amitié pour soi-même jusque dans la dissolution ; amitié de l'un à l'autre, comme passage et comme affirmation d'une continuité à partir de la nécessaire discontinuité. Mais la lecture – le travail désœuvré de l'œuvre – n'en est pas absente, encore qu'elle appartienne parfois au vertige de l'ivresse « ... J'avais déjà absorbé beaucoup de vin. Je demandais à X de lire dans le livre que je traînais avec moi un passage et il l'a lu à haute voix (personne à ma connaissance ne lit avec plus de dure simplicité, avec plus de grandeur passionnée que lui). J'étais trop ivre et ne me rappelle plus exactement le passage. Lui-même avait bu autant que moi. Ce serait une erreur de penser qu'une telle lecture faite par des hommes pris de boisson n'est qu'un paradoxe provocant... Je crois que nous sommes unis en ceci que nous sommes l'un et l'autre ouverts, sans défense – par tentation – à des forces de destruction, mais non comme des audacieux, comme des enfants que n'abandonne jamais une lâche naïveté. » Voilà ce qui n'aurait

probablement pas pu recevoir la caution de
Nietzsche : celui-ci ne s'abandonne – l'effondrement – qu'au moment de la folie, et cet abandon
se prolonge en se trahissant par des mouvements de
compensation mégalomaniaques. La scène qui nous
est décrite par Bataille, dont nous connaissons les
participants (mais il n'importe) et qui n'était pas
destinée à la publication (pourtant s'y maintient la
réserve d'un certain incognito : l'interlocuteur n'est
pas désigné, mais il est montré tel que ses amis puissent le reconnaître, sans le nommer ; il est l'amitié,
non moins que l'ami), est suivie (datée d'un autre
jour) de cette affirmation : « Un dieu ne s'occupe
pas. » Ce non-agir est l'un des traits du désœuvrement, et l'amitié, avec la lecture de l'ivresse, est la
forme même de la « communauté désœuvrée » sur
laquelle Jean-Luc Nancy nous a appelés à réfléchir
sans qu'il nous soit permis de nous y arrêter.

J'y reviendrai cependant (un jour ou l'autre).
Mais, auparavant, il faut rappeler que le lecteur *n'est
pas un simple lecteur*, libre à l'égard de ce qu'il lit.
Il est souhaité, aimé et peut-être intolérable. Il ne
peut savoir ce qu'il sait, et il sait plus qu'il ne sait.
Compagnon qui s'abandonne à l'abandon, qui est
perdu lui-même et qui en même temps reste au bord
du chemin pour mieux démêler ce qui se passe et
qui ainsi lui échappe. C'est ce que disent peut-être
ces textes fiévreux : « Mes semblables ! mes amis !

comme des maisons sans air aux vitres poussiéreu-
ses : yeux fermés, paupières ouvertes ! » Et un peu
plus loin : « Celui pour qui j'écris (que je tutoie),
de compassion pour ce qu'il vient de lire il lui faudra
pleurer, puis il rira, car il s'est reconnu. » Mais,
après, ceci : « Si je pouvais connaître – apercevoir
et découvrir – "celui pour qui j'écris", j'imagine
que je mourrais. Il me mépriserait digne de moi.
Mais je ne mourrai pas de son mépris : la survivance
a besoin de pesanteur [1]. » Ces mouvements ne sont
qu'apparemment contradictoires. « Celui pour qui
j'écris » est celui qu'on ne peut connaître, il est
l'inconnu, et le rapport avec l'inconnu, fût-ce par
l'écriture, m'expose à la mort ou à la finitude, cette
mort qui n'a pas en elle de quoi apaiser la mort.
Qu'en est-il alors de l'amitié ? *Amitié : amitié pour
l'inconnu sans amis.* Ou encore, si l'amitié en appelle
à la communauté par l'écriture, elle ne peut que
s'excepter d'elle-même (*amitié pour l'exigence
d'écrire qui exclut toute amitié*). Mais pourquoi le
« mépris » ? « Digne de moi », celui-ci, en admettant qu'il fût une singularité vivante, devra descen-
dre jusqu'à l'extrême bassesse, c'est-à-dire à l'expérience de la seule indignité qui le rendra digne de
moi : ce serait en quelque sorte la souveraineté du

---

1. *Œuvres complètes*, Gallimard, tome V, p. 447.

mal ou la souveraineté découronnée qui ne peut plus être partagée et qui, s'exprimant par le mépris, atteindra la dépréciation qui laisse vivre ou survivre. « Hypocrite ! Écrire, être sincère et nu, nul ne le peut. Je ne veux pas le faire » (*Le Coupable*). Et en même temps, dans les premières pages du même livre : « Ces notes me lient comme un fil d'Ariane à mes semblables et le reste me paraît vain. Je ne pourrais cependant les faire lire à aucun de mes amis. » Car, alors, lecture personnelle par des amis personnels. D'où l'anonymat du livre qui ne s'adresse à personne et qui, par les rapports avec l'inconnu, instaure ce que Georges Bataille (au moins une fois) appellera « la communauté négative : la communauté de ceux qui n'ont pas de communauté ».

LE CŒUR OU LA LOI

On peut dire que, dans ces notes apparemment désorientées, se désigne – se dénonce – la limite d'une pensée sans limite qui a besoin du « je » pour se rompre souverainement et qui a besoin de l'exclusion de cette souveraineté pour s'ouvrir à une communication qui ne se partage pas parce qu'elle passe par la suppression même de la communauté. Il y a là un mouvement désespéré pour, souverain, démentir la souveraineté (toujours entachée par l'emphase dite et vécue par un seul en

45

qui tous « s'incarnent ») et pour, de par l'impossible communauté (communauté avec l'impossible), atteindre la chance d'une communication majeure, « liée au suspens de ce qui n'est pas moins la base de la communication ». Or, « la base de la communication » n'est pas nécessairement la parole, voire le silence qui en est le fond et la ponctuation, mais l'exposition à la mort, non plus de moi-même, mais d'autrui dont même la présence vivante et la plus proche est déjà l'éternelle et l'insupportable absence, celle que ne diminue le travail d'aucun deuil. Et c'est dans la vie même que cette absence d'autrui doit être rencontrée ; c'est avec elle – sa présence insolite, toujours sous la menace préalable d'une disparition – que l'amitié se joue et à chaque instant se perd, rapport sans rapport ou sans rapport autre que l'incommensurable (pour lequel il n'y a pas lieu de se demander s'il faut être *sincère* ou non, véridique ou non, fidèle ou non, puisqu'il représente par avance l'absence de liens ou l'infini de l'abandon). Ainsi est, ainsi serait l'amitié qui découvre l'inconnu que nous sommes nous-mêmes, et la rencontre de notre propre solitude que précisément nous ne pouvons être seuls à éprouver (« incapable, à moi seul, d'aller au bout de l'extrême »).

« L'infini de l'abandon », « la communauté de ceux qui n'ont pas de communauté ». Nous touchons peut-être là la forme ultime de l'expérience communautaire, après laquelle il n'y aura plus rien à dire, parce qu'elle doit se connaître en s'ignorant elle-même. Non pas qu'il s'agisse de se retirer dans l'incognito et le secret. S'il est vrai que Georges Bataille a eu le sentiment (surtout avant la guerre) d'être abandonné de ses amis, si, plus tard, durant quelques mois (*Le Petit*), la maladie l'oblige à se tenir à l'écart, si, d'une certaine manière, il vit d'autant plus la solitude qu'il est impuissant à la supporter, il n'en sait que mieux que la communauté n'est pas destinée à l'en guérir ou à l'en protéger, mais qu'elle est la manière dont elle l'y expose, non par hasard, mais comme le cœur de la fraternité : le cœur ou la loi.

II

LA COMMUNAUTÉ
DES AMANTS

« La seule loi de l'abandon, comme celle de l'amour, c'est d'être sans retour et sans recours. » J.-L. Nancy.

J'introduis ici, d'une manière qui peut paraître arbitraire, des pages écrites sans autre pensée que celle d'accompagner la lecture d'un récit presque récent (mais la date n'importe pas) de Marguerite Duras [1]. Sans l'idée claire, en tout cas, que ce récit (en lui-même suffisant, ce qui veut dire parfait, ce qui veut dire sans issue) me reconduirait à la pensée, poursuivie par ailleurs, qui interroge notre monde – le monde qui est nôtre pour n'être à personne – à partir de l'oubli, non pas des communautés qui y subsistent (elles se multiplient plutôt), mais de l'exigence « communautaire » qui les hante peut-être, mais s'y renonce presque sûrement.

---

1. Marguerite Duras, *La Maladie de la mort*, Éditions de Minuit.

MAI 68

Mai 68 a montré que, sans projet, sans conjuration, pouvait, dans la soudaineté d'une rencontre heureuse, comme une fête qui bouleversait les formes sociales admises ou espérées, s'affirmer (s'affirmer par-delà les formes usuelles de l'affirmation) la *communication explosive,* l'ouverture qui permettait à chacun, sans distinction de classe, d'âge, de sexe ou de culture, de frayer avec le premier venu, comme avec un être déjà aimé, précisément parce qu'il était le familier-inconnu.

« Sans projet » : c'était là le trait, à la fois angoissant et fortuné, d'une forme de société incomparable qui ne se laissait pas saisir, qui n'était pas appelée à subsister, à s'installer, fût-ce à travers les multiples « comités » par lesquels se simulait un ordre-désordonné, une spécialisation imprécise. Contrairement aux « révolutions traditionnelles », il ne s'agissait pas de seulement prendre le pouvoir pour le remplacer par un autre, ni de prendre la Bastille, le Palais d'hiver, l'Élysée ou l'Assemblée nationale, objectifs sans importance, et pas même de renverser un ancien monde, mais de laisser se manifester, en dehors de tout intérêt utilitaire, une possibilité d'*être-ensemble* qui rendait à tous le droit à l'égalité dans la fraternité par *la liberté de parole* qui soulevait chacun. Chacun avait quelque chose à dire, parfois à écrire (sur les murs) ; quoi donc ? cela importait peu. Le Dire primait le dit. La poésie était quotidienne. La communication « spontanée », en ce sens qu'elle paraissait sans retenue, n'était rien d'autre que la communication avec elle-même, transparente, immanente, malgré les combats, débats, controverses, où l'intelligence calculatrice s'exprimait moins que l'effervescence presque pure (en tout cas, sans mépris, sans hauteur ni bassesse), – c'est pourquoi on pouvait pressentir que, l'autorité renversée ou plutôt négligée, se déclarait une manière encore jamais vécue de *communisme* que nulle idéologie n'était à même de récupérer ou de revendiquer. Pas de tentatives sérieuses de réformes, mais une présence innocente (à cause de cela suprêmement insolite) qui, aux yeux des hommes de pouvoir et échappant à leurs analyses, ne pouvait qu'être dénigrée par des expressions sociologiquement typiques, comme *chienlit*, c'est-à-dire le redoublement carnavalesque de leur propre désarroi, celui d'un commandement qui ne commandait plus rien, pas même à soi-même, contemplant, sans la voir, son inexplicable ruine.

Présence innocente, « commune présence » (René Char), ignorant ses limites, politique par le refus de ne rien exclure et la conscience d'être, telle quelle, l'immédiat-universel, avec l'impossible comme seul défi, mais sans volontés politiques déterminées et, ainsi, à la merci de n'importe quel sursaut des insti-

tutions formelles contre lesquelles on s'interdisait
de réagir. C'est cette absence de réaction (Nietzsche
pouvait passer pour en être l'inspirateur) qui laissa
se développer la manifestation adverse qu'il eût été
facile d'empêcher ou de combattre. Tout était
accepté. L'impossibilité de reconnaître un ennemi,
d'inscrire en compte une forme particulière d'adver-
sité, cela vivifiait, mais précipitait vers le dénoue-
ment, qui, au reste, n'avait besoin de rien dénouer,
dès lors que l'événement avait eu lieu. L'événement ? Et est-ce que cela avait eu lieu ?

PRÉSENCE DU PEUPLE — C'était là, c'est encore là l'ambi-
guïté de la présence – entendue comme utopie immédiatement
réalisée –, par conséquent sans avenir, par conséquent sans présent : en suspens
comme pour ouvrir le temps à un au-delà de ses
déterminations usuelles. Présence du *peuple* ? Il y
avait déjà abus dans le recours à ce mot complaisant.
Ou bien, il fallait l'entendre, non comme l'ensemble
des forces sociales, prêtes à des décisions politiques
particulières, mais dans son refus instinctif d'assu-
mer aucun pouvoir, dans sa méfiance absolue à se
confondre avec un pouvoir auquel il se déléguerait,
donc dans sa *déclaration d'impuissance.* De là l'équivoque des comités qui se multiplièrent (et dont j'ai
déjà parlé), qui prétendaient organiser l'inorganisa-

tion, tout en respectant celle-ci, et qui ne devaient pas se distinguer de « la foule anonyme et sans nombre, du peuple en manifestation spontanée » (Georges Préli [1]). Difficulté d'être des comités d'action sans action, ou des cercles d'amis qui désavouaient leur amitié antérieure pour en appeler à l'*amitié* (la camaraderie sans préalable) que véhiculait l'exigence d'être là, non comme personne ou sujet, mais comme les manifestants du mouvement fraternellement anonyme et impersonnel.

Présence du « peuple » dans sa puissance sans limite qui, pour ne pas se limiter, accepte de *ne rien faire* : je pense qu'à l'époque toujours contemporaine il n'y en a pas eu d'exemple plus certain que celui qui s'affirma dans une ampleur souveraine, lorsque se trouva réunie, pour faire cortège aux morts de Charonne, l'immobile, la silencieuse multitude dont il n'y avait pas lieu de comptabiliser l'importance, car on ne pouvait rien y ajouter, rien en soustraire : elle était là tout entière, non pas comme chiffrable, numérable, ni même comme totalité fermée, mais dans l'intégralité qui dépassait tout ensemble, en s'imposant calmement au-delà d'elle-même. Puissance suprême, parce qu'elle incluait, sans se sentir diminuée, sa virtuelle et absolue

---

1. Georges Préli, *La Force du dehors*, « Encres », éditions Recherches.

impuissance : ce que symbolisait bien le fait qu'elle était là comme le prolongement de ceux qui ne pouvaient plus être là (les assassinés de Charonne) : l'infini qui répondait à l'appel de la finitude et qui y faisait suite en s'opposant à elle. Je crois qu'il y eut alors une forme de communauté, différente de celle dont nous avons cru définir le caractère, un des moments où communisme et communauté se rejoignent et acceptent d'ignorer qu'ils se sont réalisés en se perdant aussitôt. Il ne faut pas durer, il ne faut pas avoir part à quelque durée que ce soit. Cela fut entendu en ce jour exceptionnel : personne n'eut à donner un ordre de dispersion. On se sépara par la même nécessité qui avait rassemblé l'innombrable. On se sépara instantanément, sans qu'il y eût de reste, sans que se soient formées ces séquelles nostalgiques par lesquelles s'altère la manifestation véritable en prétendant persévérer en groupes de combat. Le peuple n'est pas ainsi. Il est là, il n'est plus là ; il ignore les structures qui pourraient le stabiliser. Présence et absence, sinon confondues, du moins s'échangeant virtuellement. C'est en cela qu'il est redoutable pour les détenteurs d'un pouvoir qui ne le reconnaît pas : ne se laissant pas saisir, étant aussi bien la dissolution du fait social que la rétive obstination à réinventer celui-ci en une souveraineté que la loi ne peut circonscrire, puisqu'elle la récuse tout en se maintenant comme son fondement.

LE MONDE DES AMANTS Il y a assurément un abîme que nulle supercherie de rhétorique ne peut supprimer entre la puissance impuissante de ce qu'on ne peut nommer autrement que par le mot si facile à méconnaître : le peuple (ne pas le traduire par *Volk*), et l'étrangeté de cette société antisociale ou de l'association toujours prête à se dissocier que forment les *amis* et les *couples*. Pourtant, certains traits les distinguent, qui les rapprochent : le peuple (surtout si on évite de le sacraliser) n'est pas l'État, pas plus qu'il n'est la société en personne, avec ses fonctions, ses lois, ses déterminations, ses exigences qui constituent sa finalité la plus propre. Inerte, immobile, moins le rassemblement que la dispersion toujours imminente d'une présence occupant momentanément tout l'espace et toutefois sans lieu (utopie), une sorte de messianisme n'annonçant rien que son autonomie et son *désœuvrement* (à condition qu'on la laisse à elle-même, sinon elle se modifie aussitôt et devient un système de force, prompte à se déchaîner) : ainsi est le peuple des hommes, qu'il est loisible de considérer comme le succédané abâtardi du peuple de Dieu (assez semblable à ce qu'aurait pu être le rassemblement des enfants d'Israël en vue de l'Exode si en même temps ils s'étaient réunis en oubliant de partir), ou bien le rendant identique à « l'aride solitude des forces anonymes » (Régis

Debray). Cette « aride solitude » est précisément ce qui justifie le rapprochement avec ce que Georges Bataille a appelé « le monde vrai des amants », sensible qu'il était à l'antagonisme entre la société ordinaire et « le relâchement sournois du lien social » que suppose un tel monde qui précisément est l'oubli du monde : affirmation d'un rapport si singulier entre les êtres que l'amour même n'y est pas nécessaire, puisque celui-ci, qui au reste n'est jamais sûr, peut imposer son exigence dans un cercle où son obsession va jusqu'à prendre la forme de l'impossibilité d'aimer : soit le tourment non *ressenti*, incertain, de ceux qui, ayant perdu « l'intelligence de l'amour » (Dante), veulent cependant encore tendre vers les seuls êtres dont ils ne sauraient se rapprocher par nulle passion vivante.

LA MALADIE
DE LA MORT

Est-ce ce tourment que Marguerite Duras a nommé « la maladie de la mort » ? Quand j'ai abordé la lecture de son livre, attiré par ce titre énigmatique, je ne le savais pas, et je puis dire que par chance je ne le sais toujours pas. C'est ce qui m'autorise à reprendre comme à neuf la lecture et son commentaire, l'un et l'autre s'éclairant et s'obscurcissant. Qu'en est-il d'abord de ce titre, *La Maladie de la mort*, qui, peut-être venu de Kierkegaard, à lui seul semble tenir ou détenir son secret ?

Une fois prononcé, tout est dit, sans qu'on sache ce qui est à dire, le savoir n'étant pas à sa mesure. Diagnostic ou sentence ? Dans sa sobriété, il y a une outrance. Cette outrance est celle du mal. Le mal (moral ou physique) est toujours excessif. Il est l'insupportable qui ne se laisse pas interroger. Le mal, dans l'excès, le mal comme « la maladie de la mort », ne saurait être circonscrit à un « je » conscient ou inconscient, il concerne d'abord l'autre, et l'autre – autrui – est l'innocent, l'enfant, le malade dont la plainte retentit comme le scandale « inouï », parce qu'il dépasse l'entente, tout en me vouant à y répondre sans que j'en aie le pouvoir.

Ces remarques ne nous éloignent pas du texte qui nous est proposé ou plus exactement imposé – car c'est un texte déclaratif, et non pas un récit, même s'il en a l'apparence. Tout est décidé par un « Vous » initial, qui est plus qu'autoritaire, qui interpelle et détermine ce qui arrivera ou pourrait arriver à celui qui est tombé dans les rets d'un sort inexorable. Par facilité, on dira que c'est le « vous » du metteur en scène donnant des indications à l'acteur qui doit faire surgir du néant la figure passagère qu'il incarnera. Soit, mais il faut l'entendre alors comme le Metteur en scène suprême : le Vous biblique qui vient d'en haut et fixe prophétiquement les grands traits de l'intrigue dans laquelle nous avançons dans l'ignorance de ce qui nous est prescrit.

« *Vous devez ne pas la connaître, l'avoir trouvée partout à la fois, dans un hôtel, dans une rue, dans un train, dans un bar, dans un livre, dans un film, en vous-même* [1]... » À elle, jamais le « Vous » ne s'adresse, il est sans pouvoir sur elle, indéterminée, inconnue, irréelle, en cela imprenable dans sa passivité, absente dans sa présence endormie et éternellement passagère.

Selon une première lecture, on expliquera : c'est simple – un homme qui n'a jamais connu que ses semblables, c'est-à-dire seulement d'autres hommes qui ne sont que la multiplication de lui-même, un homme donc et une jeune femme, liée par un contrat payé pour quelques nuits, pour toute une vie, ce qui fait que la critique hâtive a parlé d'une prostituée, alors qu'elle précise elle-même qu'elle ne l'est pas, mais qu'il y a un contrat – rapport seulement contractuel (le mariage, l'argent) – parce qu'elle a pressenti dès l'abord, sans le savoir distinctement, qu'incapable de pouvoir aimer il ne peut s'approcher d'elle que conditionnellement, en conclusion d'un marché, de même qu'elle s'abandonne en apparence entièrement, mais n'abandonnant que la part d'elle-même qui est sous contrat,

---

1. L'italique est de mon fait, pour toutes les citations du livre. Par là, je voudrais mettre en valeur le caractère d'une voix dont l'origine nous échappe.

préservant ou réservant la liberté qu'elle n'aliène pas. D'où l'on pourrait conclure que, dès l'origine, l'absolu des rapports a été perverti et que, dans une société marchande, il y a certes commerce entre les êtres mais jamais une « communauté » véritable, jamais une connaissance qui soit plus qu'un échange de « bons » procédés, fussent-ils aussi extrêmes qu'on puisse les concevoir. Rapports de forces où c'est celui qui paye ou qui entretient qui est dominé, frustré par son pouvoir même, lequel ne mesure que son impuissance.

Cette impuissance n'est nullement l'impuissance banale d'un homme défaillant, face à une femme qu'il ne saurait rejoindre sexuellement. Il fait tout ce qui doit être fait. Elle le dit avec sa concision sans réplique : « Cela est fait. » Davantage, il lui arrive « par distraction » de provoquer le cri de la jouissance, « le grondement sourd et lointain de sa jouissance à travers sa respiration » ; il lui arrive même de lui faire dire : « Quel bonheur. » Mais, comme rien en lui ne correspond à ces mouvements excessifs (ou qu'il juge tels), ils lui paraissent inconvenants, il les réprime, il les annule, parce qu'ils sont l'expression d'une vie qui s'exhibe (se manifeste), alors qu'il en est, et depuis toujours, privé.

Le manque de sentiment, le manque d'amour, c'est cela, donc, qui signifierait la mort, cette maladie mortelle dont l'un est frappé sans justice et dont l'autre apparemment est indemne, bien qu'elle en soit la messagère et, à ce titre, non déchargée de responsabilité. Conclusion qui pourtant nous déçoit, dans la mesure où elle s'en tient à des données explicables, même si le texte nous y invite.

À la vérité, le texte n'est mystérieux que parce qu'il est irréductible. C'est de là que vient sa densité, plus encore que de sa brièveté. Chacun peut se faire, à son gré, une idée des personnages, particulièrement de la jeune femme dont la présence-absence est telle qu'elle s'impose presque seule en dépassant la réalité à laquelle elle s'ajuste. D'une certaine manière, elle seule existe, elle est décrite : jeune, belle, personnelle, sous le regard qui la découvre, par les mains ignorantes qui la conçoivent en croyant la toucher. Et, ne l'oublions pas, c'est la première femme pour lui et c'est, dès lors, la première femme pour tous, dans l'imaginaire qui la rend plus réelle qu'elle ne pourrait l'être en réalité, – celle qui est là, par-delà toutes les épithètes qu'on est tenté de lui attribuer pour fixer son être-là. Reste cette affirmation (il est vrai au conditionnel) : « *Le corps aurait été long, fait dans une seule coulée, en une seule fois, comme par Dieu lui-même, avec la perfection indélébile de l'accident personnel.* » « Comme par Dieu lui-même », ainsi Ève ou Lilith, mais sans nom, moins parce qu'elle est anonyme que parce qu'elle semble trop à part pour qu'aucun nom lui convient. Deux traits encore lui donnent une réalité que rien de réel ne saurait suffire à limiter : c'est qu'elle est sans défense, la plus faible, la plus fragile et s'exposant par son corps sans cesse offert à la manière du visage, visage qui est dans sa visibilité absolue son évidence invisible – ainsi appelant le meurtre (« *l'étranglement, le viol, les mauvais traitements, les insultes, les cris de haine, le déchaînement des passions entières, mortelles* »), mais, par sa faiblesse même, par sa fragilité même, ne *pouvant* être tuée, préservée qu'elle est par l'interdit qui la rend intouchable dans sa constante nudité, la plus proche et la plus lointaine, l'intimité du dehors inaccessible (« *vous regardez cette forme, vous en découvrez en même temps la puissance infernale* [Lilith], *l'abominable fragilité, la faiblesse, la force invisible de la faiblesse sans égale* »).

L'autre trait de sa présence qui fait qu'elle est là et qu'elle n'est pas là : c'est qu'elle dort presque toujours, d'un sommeil qui ne s'interrompt même pas dans les paroles qui viennent d'elle, dans les questions qu'elle n'a pas le pouvoir de poser et surtout dans le jugement dernier qu'elle prononce et par lequel elle annonce à l'autre cette « maladie de la mort » qui constitue son seul destin – une mort non pas à venir, mais depuis toujours dépassée, puisqu'elle est l'abandon d'une vie qui n'a jamais été présente. Comprenons-le bien (s'il s'agit de comprendre, plutôt que de l'entendre à notre insu) : nous ne sommes pas face à cette vérité, hélas ordinaire : je meurs sans avoir vécu, n'ayant jamais fait rien d'autre que de mourir en vivant, ou d'ignorer cette mort qu'est la vie réduite à moi seul et par avance perdue, dans un manque impossible à apercevoir (thème, peut-être, de la nouvelle de Henry James, *La Bête dans la jungle*, jadis traduite et proposée au théâtre par Marguerite Duras : « *Il avait été l'homme à qui rien ne devait arriver* »).

« *Elle, dans la chambre, elle dort. Elle dort. Vous* [le vous implacable qui soit constate, soit maintient l'homme auquel il est adressé dans une obligation précédant toute loi] *ne la réveillez pas. Le malheur grandit dans la chambre en même temps que s'étend son sommeil... Elle se tient toujours dans un sommeil égal...* » Sommeil mystérieux, qui est à déchiffrer, comme il est à respecter, qui est son mode de vie et empêche qu'on ne sache rien d'elle, sauf sa présence-absence qui n'est pas sans rapport avec le vent, avec le voisinage de la mer que l'homme lui décrit et dont la blancheur ne se distingue pas de celle du lit immense qui est l'espace illimité de sa vie, son séjour et son éternité momentanée. Certes, on pense parfois à l'Albertine de Proust, dont le narrateur, penché sur son sommeil, n'était jamais aussi proche que lorsqu'elle dormait, parce qu'alors la distance, la préservant des mensonges et de la vulgarité de sa vie, permettait une communication idéale, il est vrai seulement idéale, réduite à la beauté vaine, à la pureté vaine de l'idée.

Mais, au contraire d'Albertine, mais peut-être aussi comme elle, si l'on pense à la destinée non dévoilée de Proust, cette jeune femme est à jamais séparée en raison de la proximité suspecte par laquelle elle s'offre, sa différence qui est celle d'une autre espèce, d'un autre genre, ou celle de l'absolument autre. (« *Vous ne connaissez que la grâce du corps des morts, celle de vos semblables. Tout à coup la différence vous apparaît entre cette grâce du corps des morts et celle ici présente faite de faiblesse ultime que d'un geste on pourrait écraser, cette royauté. Vous découvrez que c'est là, en elle, que se fomente la maladie de la mort, que c'est cette forme devant vous déployée qui décrète la maladie de la mort.* ») Passage étrange qui nous conduit presque brusquement à une autre version, à une autre lecture : « la maladie de la mort » n'est plus la seule responsabilité de celui – l'homme – qui ignore le féminin ou, même le connaissant, ne le connaît pas. La maladie se fomente aussi (ou d'abord) en celle qui est là et qui la décrète par son existence même.

Essayons donc d'aller plus loin dans la recherche (et non l'élucidation) de cette énigme qui s'obscurcit d'autant plus que nous prétendons la mettre à découvert, comme si, lecteur et, pis, explicateur, nous nous croyions pur de la maladie avec laquelle, d'une manière ou d'une autre, nous sommes aux prises. Assurément l'on pourrait dire que le propre de l'homme dont le « Vous » détermine ce qu'il doit faire est précisément de n'être rien qu'un « faire » incessant. Si la femme est sommeil, d'une passivité qui est accueil, offrande et subissement, et cependant, dans sa fatigue démesurée, telle qu'elle seule parle vraiment, lui qu'on ne décrit jamais, qu'on ne voit pas, il est toujours allant et venant, toujours à l'œuvre face à ce corps qu'il regarde dans le malheur, parce qu'il ne peut le voir entièrement, dans sa totalité impossible, sous tous ses aspects, alors qu'elle n'est « forme close » que dans la mesure où elle échappe à la sommation, à ce qui ferait d'elle un ensemble saisissable, une somme qui intégrerait l'infini et ainsi le réduirait à un fini intégrable. Tel est peut-être le sens de ce combat toujours perdu d'avance. Elle dort, il est plutôt le refus de dormir, l'impatience incapable de repos, l'insomniaque qui, dans le tombeau, garderait encore les yeux ouverts, dans l'attente de l'éveil qui ne lui est pas promis. Si la parole de Pascal est vraie, on pourrait affirmer que, des deux protagonistes, c'est lui qui dans sa tentative d'aimer, dans sa recherche sans relâche, est le plus digne, le plus proche, de cet absolu qu'il trouve en ne le trouvant pas. Qu'il lui soit au moins donné acte de cet acharnement à essayer de sortir de lui-même, sans cependant rompre les normes de sa propre anomalie où elle ne voit qu'un redoublement d'égoïsme (ce qui est un jugement peut-être précipité), de ce don des larmes qu'il verse en vain, sensible à sa propre insensibilité, et auquel elle répond sèchement : « *Abandonnez cette habitude de pleurer sur vous-même, ce n'est pas la peine* », tandis que le « Vous » souverain, qui semble savoir le secret des choses, dit : « *Vous croyez pleurer de ne pas aimer, vous pleurez de ne pas imposer la mort.* »

Quelle est donc la différence entre ces deux destinées, dont l'une poursuit l'amour qui lui est refusé et dont l'autre, par grâce, est faite pour l'amour, sait tout de l'amour, juge et condamne ceux qui échouent dans leur tentative d'aimer, mais de son côté s'offre seulement à être aimée (sous contrat), sans donner jamais des signes de sa propre aptitude à aller de la passivité jusqu'à la passion sans limites ? C'est peut-être cette dissymétrie qui arrête l'investigation du lecteur parce qu'elle échappe aussi à l'auteur : mystère inscrutable.

ÉTHIQUE
ET AMOUR

Est-ce la même dissymétrie qui, selon Levinas, marque l'irréciprocité du rapport éthique entre moi et autrui, moi qui n'est jamais à égalité avec l'Autre, inégalité que mesure l'impressionnante parole : Autrui est toujours plus près de

Dieu que moi (quelque sens qu'on prête à ce nom qui nomme l'innommable) ? Ce n'est pas sûr et ce n'est pas si clair. L'amour est peut-être une pierre d'achoppement pour l'éthique, à moins qu'il ne la mette en question seulement en l'imitant. De même que le partage de l'humain entre masculin et féminin fait problème dans les diverses versions de la Bible. On le sait bien, il n'a pas été nécessaire d'attendre Bizet pour apprendre que « l'amour n'a jamais connu de loi ». Alors, retour à la sauvagerie qui ne transgresse même pas les interdits, puisqu'elle les ignore, ou bien à l'« aorgique » (Hölderlin) qui dérange tout rapport de société, juste ou injuste, et, réfractaire à chaque tierce personne, ne saurait se contenter d'une société à deux où régnerait la réciprocité du « je-tu », mais évoque plutôt le tohu-bohu initial d'avant la création, la nuit sans terme, le dehors, l'ébranlement fondamental ? (Chez les Grecs, selon Phèdre, l'Amour est presque aussi ancien que le Chaos.)

Il y a ici un commencement de réponse : « *Vous demandez comment le sentiment d'aimer pourrait survenir. Elle vous répond : Peut-être d'une faille soudaine dans la logique de l'univers. Elle dit : Par exemple d'une erreur. Elle dit : jamais d'un vouloir.* » Contentons-nous de ce savoir qui ne « saurait » en être un. Qu'annonce-t-il ? Qu'il faut que, dans l'homogénéité – l'affirmation du Même –

qu'exige la compréhension, surgisse l'hétérogène, l'Autre absolu avec qui tout rapport signifie : pas de rapport, l'impossibilité que le vouloir et peut-être même le désir franchissent l'infranchissable, dans la rencontre clandestine, soudaine (hors du temps), qui s'annule avec le sentiment ravageur, jamais assuré d'être éprouvé en celui que ce mouvement destine à l'autre en le privant peut-être de « soi ». Sentiment ravageur, à la vérité au-delà de tout sentiment, ignorant le pathos, débordant la conscience, rompant avec le souci de moi-même et exigeant sans droit ce qui se dérobe à toute exigence, parce que, dans ma demande, il n'y a pas seulement l'au-delà de ce qui pourrait la satisfaire, mais l'au-delà de ce qui est demandé. Surenchère, outrance de vie qui ne peut être contenue en elle et, ainsi, interrompant la prétention à toujours persévérer dans l'être, expose à l'étrangeté d'un mourir interminable ou d'une « erreur » sans fin.

C'est ce que suggère encore l'oracle qui, dans le texte, ajoute aux précédentes réponses (réponses à la question toujours répétée, « *D'où pourrait survenir le sentiment d'aimer ?* ») cette ultime réplique : « *De tout... de l'approche de la mort...* » Ainsi revient la duplicité du mot mort [1], de cette maladie

---

1. En simplifiant beaucoup, on pourrait reconnaître ici la confirmation du conflit qui, d'après Freud (un Freud assez caricatural),

de la mort qui désignerait tantôt l'amour empêché, tantôt le pur mouvement d'aimer, l'un et l'autre appelant l'abîme, la nuit noire que découvre le vide vertigineux « des jambes écartées » (ici, comment ne pas songer à *Madame Edwarda* ?).

TRISTAN ET ISEULT

Pas de fin donc à un récit qui dit aussi à sa façon : plus de récit, et pourtant une fin, peut-être une rémission, peut-être une condamnation définitive. Car voici que la jeune femme un jour n'est plus là. Disparition qui ne saurait étonner, puisqu'elle n'est que l'épuisement d'un apparaître qui ne se donnait que dans le sommeil. Elle n'est

---

se déclare, implicitement ou explicitement, entre les hommes, faiseurs de groupe, grâce à leur tendance homosexuelle, sublimée ou non (les S. A.), et la femme qui seule peut dire la vérité de l'amour, lequel est toujours « envahissant, exclusif, excessif, terrifiant ». La femme sait que le groupe, répétition du Même ou du Semblable, est en réalité le fossoyeur du véritable amour qui ne se nourrit que de différences. Le groupe humain ordinaire, celui qui s'avoue et est par excellence civilisateur, « tend plus ou moins à faire prévaloir l'homogène, le répétitif, le continu sur l'hétérogène, le nouveau et l'acceptation de la faille ». La femme est alors l'« intruse » qui dérange la tranquille continuité du lien social et ne reconnaît pas l'interdit. Elle a partie liée avec l'inavouable. D'où l'on reconnaît les deux versants de la mort selon Freud : la pulsion de mort est à l'œuvre dans la civilisation, pour autant que celle-ci tend, pour se conserver, au désordre de l'homogène définitif (l'entropie à son maximum). Mais elle n'est pas moins à l'œuvre quand, par l'initiative et avec la complicité des femmes, l'hétérogène, l'altérité exclusive, la violence sans loi, unissant Eros et Thanatos, s'imposent jusqu'à la fin (cf. Eugène Enriquez, *De la horde à l'État*).

plus là, mais si discrètement, si absolument, que son absence supprime son absence, de sorte que la rechercher est vain, de même que la reconnaître serait impossible et que la rejoindre, fût-ce dans la seule pensée qu'elle n'a existé que par l'imaginaire, ne peut interrompre la solitude où se murmure indéfiniment la parole testamentaire : maladie de la mort. Et voici les derniers mots (sont-ils derniers ?) : « *Très vite, vous abandonnez, vous ne la cherchez plus, ni dans la ville, ni dans la nuit, ni dans le jour. / Ainsi cependant vous avez pu vivre cet amour de la seule façon qui puisse se faire pour vous, en le perdant avant qu'il ne soit advenu.* » Conclusion qui dans son admirable densité dit peut-être, non pas l'échec de l'amour dans un cas singulier, mais l'accomplissement de tout amour véritable qui serait de se réaliser sur le seul mode de la perte, c'est-à-dire de se réaliser en perdant non pas ce qui vous a appartenu mais ce qu'on n'a jamais eu, car le « je » et « l'autre » ne vivent pas dans le même temps, ne sont jamais ensemble (en synchronie), ne sauraient donc être contemporains, mais séparés (même unis) par un « pas encore » qui va de pair avec un « déjà plus ». N'est-ce pas Lacan qui disait (citation peut-être inexacte) : désirer, c'est donner ce qu'on n'a pas à quelqu'un qui n'en veut pas ? Ce qui ne signifie pas qu'aimer ne se vit que sur le mode de l'attente ou de la nostalgie, termes qui se réduisent trop facilement à un registre psychologique, alors que la relation qui ici est en jeu n'est pas *mondaine*, supposant même la disparition, voire l'effondrement du monde. Rappelons-nous la parole d'Iseult : « Nous avons perdu le monde, et le monde nous. » Et rappelons-nous encore que même la réciprocité du rapport d'amour, tel que le représente l'histoire de Tristan et d'Iseult, paradigme de l'amour partagé, exclut aussi bien la simple mutualité que l'unité où l'Autre se fondrait dans le Même. Ce qui revient à pressentir que la passion échappe à la possibilité, échappant, pour ceux qui en sont saisis, à leurs propres pouvoirs, à leur décision et même à leur « désir », en cela l'étrangeté même, n'ayant égard ni à ce qu'ils peuvent ni à ce qu'ils veulent, mais les attirant dans l'étrange où ils deviennent étrangers à eux-mêmes, dans une intimité qui les rend, aussi, étrangers l'un à l'autre. Ainsi, donc, éternellement séparés, comme si la mort était en eux, entre eux ? Non pas séparés, ni divisés : inaccessibles et, dans l'inaccessible, sous un rapport infini.

C'est ce que je lis dans ce récit sans anecdote où l'impossible amour (quelle qu'en soit l'origine) peut se traduire par une analogie avec les mots premiers de l'éthique (tels que Levinas nous les a découverts) : attention infinie à Autrui, comme à celui que son dénuement met au-dessus de tout être, obligation urgente et ardente qui rend dépendant, « otage » et,

Platon le disait déjà, esclave par-delà toute forme de servilité admise. Mais la morale est loi et la passion défie toute loi ? Précisément, c'est ce que ne dit pas Levinas, contrairement à certains de ses commentateurs. Il n'y a possibilité de l'éthique que si, l'ontologie – qui réduit toujours l'Autre au Même – lui cédant le pas, peut s'affirmer une relation antérieure telle que le moi ne se contente pas de reconnaître l'Autre, de s'y reconnaître, mais se sent mis en question par lui au point de ne pouvoir lui répondre que par une responsabilité qui ne saurait se limiter et qui s'excède sans s'épuiser. Responsabilité ou obligation envers Autrui qui ne vient pas de la Loi mais d'où celle-ci viendrait dans ce qui la rend irréductible à toutes les formes de légalité par lesquelles nécessairement on cherche à la régulariser tout en la prononçant comme l'exception ou l'extra-ordinaire qui ne s'énonce dans aucun langage déjà formulé [1].

---

1. On ne peut pas si rapidement évacuer la transcendance ou la précellence de la Loi lorsque celle-ci, selon des vues mystiques bien connues, n'est pas seulement considérée comme ayant été créée deux mille ans avant la création du monde, mais, en rapport avec le nom innommé de Dieu, contribue à cette création, tout en la laissant inachevée. D'où ce renversement redoutable : la Loi (l'alliance) qui est donnée aux hommes pour les libérer de l'idolâtrie risque de tomber sous le coup d'un culte idolâtre si celle-ci est adorée en elle-même, sans se soumettre à l'étude infinie, à l'enseignement sous maîtrise qu'exige sa pratique. Enseignement qui à son tour ne dispense pas, si indispensable qu'il soit, de renoncer à sa primauté, lorsque l'urgence de porter secours à autrui dérange toute étude et s'impose comme application de la Loi qui toujours précède la Loi.

LE SAUT
MORTEL

Obligation qui n'est pas un engagement au nom de la Loi, mais comme antérieure à l'être et à la liberté, lorsque celle-ci se confond avec la spontanéité. « Je » ne suis pas libre envers autrui si je suis toujours libre de décliner l'exigence qui me déporte de moi-même et m'exclut à la limite de moi. Mais n'en est-il pas ainsi de la passion ? Celle-ci nous engage fatalement, et comme malgré nous, pour un autre qui nous attire d'autant plus qu'il nous semble hors de la possibilité d'être rejoint, tellement il est au-delà de tout ce qui nous importe.

Ce saut qui s'affirme par l'amour – symbolisé par le bond prodigieux de Tristan jusqu'à la couche d'Iseult afin qu'il ne soit pas laissé de traces terrestres de leur rapprochement – évoque le « saut mortel » qui selon Kierkegaard est nécessaire pour s'élever jusqu'au stade éthique et surtout religieux. Saut mortel qui prendra forme dans cette question : « Un homme a-t-il le droit de se faire mettre à mort au nom de la vérité ? » Au nom de la vérité ? Cela fait problème : mais pour autrui, pour l'assistance à autrui ? La réponse est déjà dans Platon, où il est dit, avec la force de la simplicité, par la voix de Phèdre : « Cela n'est pas douteux, mourir pour autrui, c'est à quoi, seuls, consentent ceux qui s'aiment. » Et, de citer l'exemple d'Alceste, prenant par pure tendresse la place de son mari (c'est vraiment la « substitution », le « l'un pour l'autre ») afin de lui épargner la condamnation à la mort. À quoi il est vrai Diotime (elle détient, en tant que femme et étrangère, le savoir suprême de l'Amour) ne tardera pas à répliquer qu'Alceste n'a nullement demandé à mourir *pour* son mari, mais pour acquérir, par un acte sublime, le renom qui, dans la mort même, la rendra immortelle. Non pas qu'elle n'aimât point, mais parce qu'il n'y a d'autre objet d'amour que l'immortalité. Ce qui nous met sur la voie oblique qu'ouvre l'amour comme moyen dialectique pour cheminer, de bond en bond, jusqu'à la spiritualité la plus haute.

Quelle que soit l'importance de l'amour platonicien, enfant du vide avide et de la ressource retorse, on sent bien que la conception de Phèdre n'est pas réfutée. L'amour, plus fort que la mort. L'amour qui ne supprime pas la mort, mais passe la limite que celle-ci représente et, ainsi, la rend sans pouvoir au regard de l'assistance à autrui (ce mouvement infini qui porte vers lui et, dans cette tension, ne laisse pas le temps de revenir au souci de « moi »). Non pas pour glorifier la mort en glorifiant l'amour, mais peut-être au contraire pour donner à la vie une transcendance sans gloire qui la met, sans terme, au service de l'autre.

Je ne dis pas que, par là, éthique et passion se retrouvent confondues. À la passion reste en propre et en compte que son mouvement, peu résistible, ne dérange pas la spontanéité, ni le *conatus*, mais en est au contraire la surenchère, qui peut aller jusqu'à la destruction. Et ne faut-il pas au moins ajouter qu'aimer, c'est assurément avoir en vue l'autre seul, non pas en tant que tel, mais comme l'unique qui éclipse tous les autres et les annule ? De là que la démesure soit sa seule mesure et que la violence et la mort nocturne ne puissent être exclues de l'exigence d'aimer. Ainsi que le rappelle Marguerite Duras : « *L'envie d'être au bord de tuer un amant, de le garder pour vous, pour vous seul, de le prendre, de le voler contre toutes les lois, contre tous les empires de la morale, vous ne la connaissez pas... ?* » Non, il ne la connaît pas. D'où l'implaccable et le dédaigneux verdict : « *C'est curieux un mort.* »

Il ne répond pas. Je me garderai de répondre à sa place, sinon, revenant encore aux Grecs, je murmurerais : Mais je sais qui vous êtes. Non pas l'Aphrodite céleste ou ouranienne qui ne se satisfait que de l'amour des âmes (ou des garçons), ni l'Aphrodite terrestre ou populaire qui veut encore les corps et même les femmes, afin que, par elles, il soit engendré ; ni seulement l'une, ni seulement l'autre ; mais vous êtes encore la troisième, la moins nommée, la plus redoutée et, à cause de cela, la plus aimée, celle qui se cache derrière les deux autres dont elle n'est

pas séparable : l'Aphrodite chtonienne ou souter-
raine qui appartient à la mort [1] et y conduit ceux
qu'elle choisit ou qui se laissent choisir, unissant,
comme on le voit ici, la mer dont elle naît (et ne
cesse de naître), la nuit qui désigne le perpétuel
sommeil et l'injonction silencieuse adressée à la
« communauté des amants », afin que ceux-ci,
répondant à l'exigence impossible, s'exposent l'un
pour l'autre à la dispersion de la mort. Une mort,
par définition, sans gloire, sans consolation, sans
recours, à laquelle nulle autre disparition ne saurait
s'égaler, à l'exception peut-être de celle qui s'inscrit
dans l'écriture, lorsque l'œuvre qui en est la dérive
est par avance renoncement à *faire œuvre*, indiquant
seulement l'espace où retentit, pour tous et pour
chacun, et donc pour personne, la parole toujours à
venir du désœuvrement.

> Par le venin de l'immortalité
> S'achève la passion des femmes
> (Marina Tsvetaïeva, *Eurydice à Orphée*)

---

1. Cf. Sarah Kofman, *Comment s'en sortir ?*, Galilée.

COMMUNAUTÉ
TRADITION-
NELLE,
COMMUNAUTÉ
ÉLECTIVE

La communauté des amants. Ce titre romantique que j'ai donné à des pages où il n'y a ni relation partagée ni amants certains n'est-il pas paradoxal ? Assurément. Mais ce paradoxe confirme peut-être l'extravagance de ce qu'on cherche à désigner du nom de *communauté*. De même qu'il y a lieu de distinguer difficilement entre communauté traditionnelle et communauté élective (la première nous est imposée sans que notre liberté en décide : c'est la socialité de fait, ou encore la glorification de la terre, du sang, voire de la race ; mais la seconde ? On l'appelle élective en ce sens qu'elle n'existerait que par une décision qui rassemble ses membres autour d'un choix sans lequel elle n'aurait pu avoir lieu ; ce choix est-il libre ? Ou, du moins, cette liberté suffit-elle à exprimer, à affirmer le partage qui est la vérité de cette communauté ?), de même on peut s'interroger sur ce qui permettrait de parler sans équivoque de la communauté des amants. Georges Bataille a écrit : « Si ce monde n'était pas sans cesse parcouru par les mouvements convulsifs des êtres qui se cherchent l'un l'autre..., il aurait l'apparence d'une dérision offerte à ceux qu'il fait naître. » Mais qu'en est-il de ces mouvements « convulsifs » qui sont appelés à valoriser le monde ? S'agit-il de l'amour (heureux ou malheureux) qui forme société dans la société et reçoit de celle-ci son droit à être connu comme société légale ou conjugale ? Ou bien s'agit-il d'un mouvement qui ne supporte aucun nom – ni amour ni désir – mais qui attire les êtres pour les jeter les uns vers les autres (deux par deux ou plus collectivement), selon leur corps ou selon leur cœur et leur pensée, en les arrachant à la société ordinaire ? Dans le premier cas (définissons-le trop simplement par l'amour conjugal), il est clair que la « communauté des amants » atténue son exigence propre par le compromis qu'elle établit avec la collectivité qui lui permet de durer en la faisant renoncer à ce qui la caractérise : son secret derrière lequel se dérobent « d'exécrables excès [1] ». Dans le deuxième cas, la communauté des amants ne se soucie plus des formes de la tradition, ni d'aucun agrément social, fût-il le plus permissif. De ce point de vue, les maisons dites closes ou leurs succédanés, pas plus que les châteaux de Sade, ne constituent une marginalité, capable d'ébranler la société. Au contraire : puisque de tels lieux spécialisés restent autorisés et d'autant plus qu'ils sont interdits. Ce n'est pas parce que Madame Edwarda est une fille qui s'exhibe d'une manière somme toute banale en exhibant son sexe

---

1. Bataille écrit violemment : « L'horreur vide de la conjugalité régulière les enferme déjà. »

comme la partie la plus sacrée de son être qu'elle rompt avec notre monde ou avec tout monde, c'est plutôt parce que cette exhibition la dérobe en la livrant à une singularité insaisissable (on ne peut plus la saisir, à proprement parler) et qu'ainsi, avec la complicité de l'homme qui l'aime momentanément d'une passion infinie, elle *s'abandonne* – c'est en cela qu'elle symbolise le sacrifice – au premier venu (le chauffeur) qui ne sait pas, qui ne saura jamais qu'il est en rapport avec ce qu'il y a de plus divin ou avec l'absolu qui rejette toute assimilation.

LA DESTRUC-
TION DE
LA SOCIÉTÉ,
L'APATHIE

La communauté des amants, que ceux-ci le veuillent ou non, qu'ils en jouissent ou non, qu'ils soient liés par le hasard, « l'amour fou », la passion de la mort (Kleist), a pour fin essentielle la destruction de la société. Là où se forme une communauté épisodique entre deux êtres qui sont faits ou qui ne sont pas faits l'un pour l'autre, se constitue une machine de guerre ou pour mieux dire une possibilité de désastre qui porte en elle, fût-ce à dose infinitésimale, la menace de l'annihilation universelle. C'est à ce niveau qu'il faut considérer le « scénario » qui s'est imposé à Marguerite Duras et qui nécessairement l'implique elle-même du moment qu'elle l'a imaginé. Les deux êtres qui nous sont montrés représentent, sans joie, sans bonheur, et aussi séparés qu'ils paraissent, l'espoir de singularité qu'ils ne peuvent partager avec nul autre, non seulement parce qu'ils sont enfermés, mais parce que, dans leur indifférence commune, ils sont enfermés avec la mort que l'une révèle à l'autre comme ce qu'il incarne et comme le coup qu'elle voudrait recevoir de lui, signe de la passion qu'elle attend en vain. D'une certaine manière, en mettant en scène un homme qui est séparé à jamais du féminin, même lorsqu'il s'unit à une femme de hasard à qui il procure une jouissance qu'il ne partage pas, Marguerite Duras a pressenti qu'il fallait dépasser le cercle aimanté qui figure, avec trop de complaisance, l'union romantique des amants, ceux-ci fussent-ils aveuglément portés par le besoin de se perdre plus que par le souci de se trouver. Et pourtant elle reproduit une des éventualités que l'imaginaire de Sade (et sa vie même) nous a offertes comme l'exemple banal du jeu des passions. L'*apathie,* l'impassibilité, le non-lieu des sentiments et l'impuissance sous toutes ses formes, non seulement n'empêchent pas les relations des êtres, mais conduisent ces relations au crime, qui est la forme ultime et (si l'on peut dire) incandescente de l'insensibilité. Mais, justement, dans le récit que nous tournons et retournons comme pour en extorquer le secret, la mort est appelée et, en même temps, dévalorisée, l'impuissance étant telle qu'elle ne va pas jusque-là, soit qu'elle paraisse trop mesurée ou au contraire qu'elle atteigne à une démesure que Sade lui-même ignore.

Voici la chambre, l'espace clos ouvert à la nature, fermé aux autres hommes, où, durant un temps indéfini calculé en nuits, mais chaque nuit ne saurait prendre fin, deux êtres ne tentent de s'unir que pour vivre (et d'une certaine façon célébrer) l'échec qui est la vérité de ce que serait leur union parfaite, le *mensonge* de cette union qui toujours s'accomplit en ne s'accomplissant pas. Forment-ils, malgré cela, quelque chose comme une *communauté* ? C'est plutôt à cause de cela qu'ils forment une communauté. Ils sont l'un à côté de l'autre, et cette contiguïté qui passe par toutes les espèces d'une intimité vide les préserve de jouer la comédie d'une entente « fusionnelle ou communionnelle ». Communauté d'une prison, organisée par l'un, consentie par l'autre, où ce qui est en jeu, c'est bien la tentative d'aimer – mais pour Rien, tentative qui n'a finalement d'autre objet que ce rien qui les anime à leur insu et qui ne les expose à rien d'autre qu'à se toucher vainement. Ni joie, ni haine, une jouissance solitaire, des larmes solitaires, la pression d'un Surmoi implacable, et finalement une seule souveraineté, celle de la mort qui rôde, qui se laisse évoquer et non pas partager, la mort dont on ne meurt pas, la mort sans pouvoir, sans effet, sans œuvre qui, dans la dérision qu'elle

offre, garde l'attrait de « la vie inexprimable, la seule
en fin de compte à laquelle tu acceptes de t'unir »
(René Char). Comment ne pas chercher dans cet
espace où, durant un temps qui va du crépuscule à
l'aurore, deux êtres n'ont d'autres raisons d'exister
que de s'exposer entièrement l'un à l'autre, entièrement, intégralement, absolument, afin que compa-
raisse, non pas à leurs yeux mais à nos yeux, leur
commune solitude, oui, comment n'y pas chercher
et comment n'y pas retrouver « la communauté
négative, la communauté de ceux qui n'ont pas de
communauté » ?

L'ABSOLUMENT
FÉMININ
D'une certaine manière, il ne doit
pas échapper que je ne parle plus
exactement, comme il le faudrait,
du texte de Marguerite Duras. Si
je m'efforce de moins le trahir, je retrouve l'étrangeté de la jeune femme qui est toujours là, et comme
éternellement, dans sa fragilité, prête à accueillir
tout ce qui pourrait lui être *demandé*. Mais, cela à
peine écrit, je me rends compte qu'il faut nuancer :
elle est refus aussi, par exemple elle refuse de l'appeler, lui, par son nom, c'est-à-dire de le faire exister
nominalement ; de même qu'elle n'accepte pas ses
larmes dont elle ne donne qu'une interprétation res-
trictive : elle les ignore, protégée qu'elle est de lui,
encombrant le monde tout entier sans lui laisser la

moindre place ; de même, enfin, qu'elle refuse d'entendre l'histoire de l'enfant, de son enfance par laquelle, sans doute, il voudrait justifier, ayant trop aimé sa mère, de ne pouvoir aimer celle-ci à nouveau incestueusement en elle – histoire unique pour lui, banale pour elle (« *elle a entendu et lu aussi beaucoup de fois cette histoire, partout, dans beaucoup de livres* »). Ce qui signifie qu'elle ne saurait se limiter à être mère, un substitut de la mère, dépassant toute spécificité qui la caractériserait comme telle ou telle, par là, l'absolument féminin, et pourtant *cette* femme-ci, vivante au point d'être près de la mort s'il était capable de la lui donner. Elle accueille donc tout de lui, sans cesser de l'enfermer dans sa clôture d'homme qui n'a de rapports qu'avec d'autres hommes, ce qu'elle tend à désigner comme sa « maladie » ou comme l'une des formes de cette maladie, par elle-même infiniment plus vaste.

(L'homosexualité, pour en venir à ce nom qui n'est jamais prononcé, n'est pas « la maladie de la mort », elle la fait seulement apparaître, d'une manière un peu factice, puisqu'il est difficile de contester que toutes les nuances du sentiment, du désir à l'amour, sont possibles entre les êtres, qu'ils soient semblables ou dissemblables.) Sa maladie ? La maladie de la mort ? elle est mystérieuse ; elle est repoussante, elle est attirante. C'est parce que la jeune femme a pressenti qu'il en était atteint ou qu'il était atteint d'une singularité encore difficile à nommer qu'elle a accepté le contrat, c'est-à-dire de s'enfermer avec lui. Elle ajoute qu'elle a su, dès qu'il a parlé, mais qu'elle a su sans savoir, sans pouvoir encore nommer : « *Pendant les premiers jours je n'ai pas su nommer cette maladie. Et puis ensuite j'ai pu le faire.* » Mais les réponses qu'elle donne au sujet d'une telle maladie mortelle, si précises qu'elles soient, et qui reviennent à dire : il meurt de n'avoir pas vécu, il meurt sans que sa mort soit mort à aucune vie (il ne meurt donc pas ou sa mort le prive d'un manque dont il n'aura jamais connaissance), de telles réponses n'ont pas une valeur définitive. D'autant moins que c'est lui, l'homme sans vie, qui a organisé la tentative d'aller chercher la vie « *dans la connaissance de ça* » (le corps féminin : là est l'existence même), dans la connaissance de ce qui incarne la vie, de « *cette coïncidence entre cette peau et la vie qu'elle recouvre* », et dans l'approche risquée d'un corps capable de mettre au monde des enfants (ce qui veut bien dire qu'elle est aussi la mère pour lui, même si ce n'est pas pour elle d'une importance particulière). Voilà ce qu'il veut essayer, essayer « *plusieurs jours... peut-être même pendant toute sa vie* ». C'est là sa demande, et il la précise en réponse à la question : « *Essayer quoi ?* » « *Vous dites : D'aimer.* » Une telle réponse peut paraître naïve, touchante aussi, à la mesure de son ignorance, comme si l'amour pouvait naître d'un vouloir-aimer (elle répondra, on s'en souvient : « *Jamais d'un vouloir* ») et comme si l'amour, toujours injustifiable, ne supposait pas la rencontre unique, imprévisible. Et cependant, dans sa naïveté, il va peut-être plus loin que ceux qui croient savoir. En cette femme fortuite, avec qui il veut « essayer, essayer », c'est à toutes les femmes, à leur magnificence, leur mystère, leur royauté, ou plus simplement à l'inconnu qu'elles représentent, à leur « réalité dernière », qu'il ne peut que se heurter ; il n'y a pas de femme quelconque, ce n'est pas par la décision arbitraire de l'écrivain que cette femme-ci acquiert peu à peu la vérité de son corps mythique : cela lui est donné et c'est le don qu'elle fait sans qu'il puisse être reçu, ni par lui ni par personne, peut-être seulement, et partiellement, par le lecteur. La communauté entre ces deux êtres, qui ne se place jamais à un niveau psychologique, ni sociologique, la plus étonnante qui soit et cependant la plus évidente, dépasse le mythique et le métaphysique.

Il y a bien des rapports entre eux : de sa part, un certain désir – désir sans désir, puisqu'il peut s'unir à elle, et qui est plutôt ou qui est surtout un désir-savoir, une tentative de s'approcher en elle de ce qui se soustrait à toute approche, de la voir telle qu'elle est, et pourtant il ne la *voit* pas ; il sent qu'il ne la voit jamais (en ce sens, c'est son anti-Béatrice,

Béatrice étant toute dans la vision qu'on a d'elle, vision qui suppose l'échelle de toutes les vues, de la vue physique foudroyante à la visibilité absolue où elle ne se distingue plus de l'Absolu lui-même : Dieu, le *théos,* théorie, l'ultime de ce qui est à voir) – et, en même temps, elle ne lui inspire nulle répugnance, seulement un *rapport* d'apparente insensibilité qui n'est pas de l'indifférence, s'il appelle des larmes et encore des larmes. Et peut-être l'insensibilité ouvre-t-elle l'homme qui croit s'y arrêter à un plaisir qu'on ne saurait nommer : « *Peut-être prenez-vous à elle un plaisir inconnu de vous, je ne sais pas* » (donc, l'instance suprême ne peut se prononcer : le plaisir est essentiellement ce qui échappe) ; de même, elle lui découvre la solitude, il ne sait pas si ce corps nouveau qu'il atteint sans pouvoir l'atteindre le rend moins seul ou au contraire le fait devenir seul : auparavant, il ne savait pas que ses rapports avec les autres, ses semblables, étaient peut-être aussi des rapports de solitude, laissant de côté, par pudeur, convenance, soumission aux usages, cet *excès* qui vient avec le féminin. Assurément, à mesure que le temps passe, discernant qu'avec elle précisément le temps ne passe plus, et qu'ainsi il est privé de ses petites propriétés, « sa chambre personnelle » qui, étant habitée par elle, est comme vide – et c'est ce vide qu'elle établit qui fait qu'elle est de trop –, il en vient à la pensée qu'elle devrait disparaître et que tout serait allégé si elle rejoignait la mer (d'où il croit qu'elle vient), pensée qui ne dépasse pas la velléité de penser. Cependant, lorsqu'elle se sera vraiment retirée, il éprouvera une sorte de regret et un désir de la revoir, dans la nouvelle solitude que crée sa soudaine absence. Seulement, il commet la faute d'en parler aux autres et même d'en rire, comme si cette tentative qu'il a entreprise avec un extrême sérieux, prêt à y consacrer toute sa vie, ne laissait en sa mémoire que la dérision de l'illusoire. Ce qui est bien l'un des traits de la *communauté,* lorsque cette communauté se dissout, donnant l'impression de n'avoir jamais pu être, même ayant été.

L'INAVOUABLE COMMUNAUTÉ Mais elle-même, cette jeune femme, si mystérieuse, si évidente, mais dont l'évidence – la réalité dernière – n'est jamais mieux affirmée que dans l'imminence de sa disparition, dans la menace où, se laissant voir tout entière, elle abandonne son corps admirable jusqu'à la possibilité de cesser d'être immédiatement, à tout instant, sur son seul désir (fragilité de l'infiniment beau, de l'infiniment réel, qui, même sous contrat, reste sans garantie), qui est-elle ? Il y a une certaine désinvolture à se débarrasser d'elle en l'identifiant, comme je l'ai fait, à l'Aphrodite païenne ou à Ève ou à Lilith. Cela, c'est un symbolisme trop facile.

De toute manière, pendant les nuits qu'ils passent ensemble (il est bien vrai qu'elle est essentiellement nocturne), elle appartient à la *communauté*, elle naît de la communauté, tout en faisant sentir, par sa fragilité, son inaccessibilité et par sa magnificence, que l'étrangeté de ce qui ne saurait être commun est ce qui fonde cette communauté, éternellement provisoire et toujours déjà désertée. Il n'y a pas de bonheur ici (même si elle dit : Quel bonheur) ; « *le malheur grandit dans la chambre en même temps que s'étend son sommeil* ». Mais, dans la mesure où l'homme s'en fait une certaine gloire, où il pense être le roi du malheur, il en détruit la vérité ou l'authenticité, pour autant que ce malheur devient sa propriété, sa fortune, son privilège, ce sur quoi il lui appartient de pleurer.

Cependant, à elle aussi, il n'est pas sans apporter quelque chose. Il lui dit le monde, il lui dit la mer, il lui dit le temps qui s'écoule et l'aube qui rythme son sommeil. Il est aussi celui qui pose la question. Elle est l'oracle, mais l'oracle n'est réponse que par l'impossibilité de questionner. « *Elle vous dit : Alors posez-moi des questions, de moi-même je ne peux pas.* » Il n'y a, à la vérité, qu'une question, et c'est l'unique question possible, posée au nom de tous par celui qui, dans sa solitude, ne sait pas qu'il interroge au nom de tous : « *Vous lui demandez si elle croit que l'on peut vous aimer. Elle dit qu'en aucun cas on ne le peut.* » Réponse si catégorique qu'elle ne peut venir d'une bouche ordinaire, mais de très haut et de très loin, instance supérieure qui est aussi ce qui s'exprime en lui en vérités partielles et modiques. « *Vous dites que l'amour vous a toujours paru déplacé, que vous n'avez jamais compris, que vous avez toujours évité d'aimer...* », remarques qui renversent la première question et la ramènent à une simplification psychologique (il s'est tenu volontairement hors du cercle de l'amour : on ne l'aime pas parce qu'il a toujours voulu garder sa *liberté* – sa liberté de ne pas aimer, commettant ainsi l'erreur « cartésienne » selon laquelle c'est la liberté du vouloir qui, prolongeant celle de Dieu, ne peut pas, ne doit pas se laisser subvertir par la violence des passions). Toutefois, le récit, si court mais si dense, admet, en même temps que ces affirmations abruptes, des affirmations plus difficiles à faire entrer dans une doctrine simple. Il est aisé de dire (on le lui dit et à son tour il l'admet) qu'il n'aime rien ni personne ; de même qu'il se laisse aller à reconnaître qu'il n'a jamais aimé une femme, qu'il n'a jamais désiré une femme – et pas une seule fois, pas un seul instant. Or, dans le récit, il fait la preuve du contraire : il est lié à cet être qui est là, par un désir peut-être pauvre (mais comment le qualifier ?) qui fait qu'elle se laisse ouvrir à ce qu'il demande sans le demander. « *Vous savez que vous pourriez dispo-*

ser d'elle de la façon dont vous voulez, la plus dangereuse. » (la tuer sans doute, ce qui serait la rendre encore plus réelle) « *Vous ne le faites pas. Au contraire vous caressez le corps avec autant de douceur que s'il encourait ce danger du bonheur...* » Rapport surprenant qui révoque tout ce qu'on a pu en dire et qui montre le pouvoir indéfinissable du féminin même sur ce qui veut ou croit y rester étranger. Non pas « l'éternel féminin » de Goethe, pâle décalque de la Béatrice terrestre et céleste de Dante. Mais il reste que, sans qu'il y ait trace d'une profanation, son existence à part a quelque chose de sacré, particulièrement lorsqu'à la fin elle offre son corps, comme le corps eucharistique fut offert par un don absolu, immémorial. Cela dit en trois lignes avec une solennelle simplicité. « *Elle dit : Prenez-moi pour que cela ait été fait. Vous le faites, vous prenez. Cela est fait. Elle se rendort.* » Après quoi, tout ayant été consommé, elle n'est plus là. Partie dans la nuit, elle est partie avec la nuit. « *Elle ne reviendra jamais.* »

On peut rêver sur cette disparition. Ou bien, il n'a pas su la garder, la communauté prend fin d'une manière aussi aléatoire qu'elle commence ; ou bien elle a fait son œuvre, elle l'a changé plus radicalement qu'il ne le croit, lui laissant le souvenir d'un amour perdu, avant que celui-ci ait pu advenir. (Ainsi, pour les disciples d'Emmaüs : ils ne se persuadent de la présence divine que lorsque celle-ci les a quittés.) Ou bien, et c'est l'inavouable, s'unissant à elle selon sa volonté, il lui a aussi donné cette mort qu'elle attendait, dont il n'était pas jusque-là capable, et qui parachève ainsi son sort terrestre – mort réelle, mort imaginaire, il n'importe. Elle consacre, d'une manière évasive, *la fin toujours incertaine* qui est inscrite dans le destin de la communauté.

La communauté inavouable : est-ce que cela veut dire qu'elle ne s'avoue pas ou bien qu'elle est telle qu'il n'est pas d'aveux qui la révèlent, puisque, chaque fois qu'on a parlé de sa manière d'être, on pressent qu'on n'a saisi d'elle que ce qui la fait exister par défaut ? Alors, mieux aurait valu se taire ? Mieux vaudrait, sans mettre en valeur ses traits paradoxaux, la vivre dans ce qui la rend contemporaine d'un passé qui n'a jamais pu être vécu ? Le trop célèbre et trop ressassé précepte de Wittgenstein, « Ce dont on ne peut parler, il *faut* le taire », indique bien que, puisqu'il n'a pu en l'énonçant s'imposer silence à lui-même, c'est qu'en définitive, pour se taire, il faut parler. Mais de quelle sorte de paroles ? Voilà l'une des questions que ce petit livre confie à d'autres, moins pour qu'ils y répondent que pour qu'ils veuillent bien la porter et peut-être la prolonger. Ainsi trouvera-t-on qu'elle a aussi un sens politique astreignant et qu'elle ne nous permet pas de nous désintéresser du temps présent, lequel, en ouvrant des espaces de libertés inconnus, nous rend responsables de rapports nouveaux, toujours menacés, toujours espérés, entre ce que nous appelons œuvre et ce que nous appelons désœuvrement.

TABLE

I. – La communauté négative 7

Communisme, communauté 10
L'exigence communautaire : Georges Bataille 12
Pourquoi « communauté » ? 14
Le principe d'incomplétude 15
Communion ? 17
La mort d'autrui 21
Le prochain du mourant 22
Communauté et désœuvrement 23
Communauté et écriture 25
La communauté d'Acéphale 28
Sacrifice et abandon 30
L'expérience intérieure 33
Le partage du secret 37
La communauté littéraire 40
Le cœur ou la loi 45

II. – La communauté des amants 49

Mai 68 52
Présence du peuple 54
Le monde des amants 57
La maladie de la mort 58
Éthique et amour 67
Tristan et Iseult 70
Le saut mortel 74
Communauté traditionnelle, communauté élective 78
La destruction de la société, l'apathie 80
L'absolument féminin 83
L'inavouable communauté 88

CET OUVRAGE A ÉTÉ ACHEVÉ D'IMPRIMER EN NU-
MÉRIQUE LE VINGT-DEUX JANVIER DEUX MILLE
VINGT ET UN DANS LES ATELIERS
DE ISI-PRINT (FRANCE)
N° D'ÉDITEUR : 6718
N° D'IMPRIMEUR : 156404

Dépôt légal : février 2021